Impressum
Verlag: BABADADA GmbH, Nedderfeld 112 , 22529 Hamburg
Geschäftsführer / Verlagsleitung: Harald Hof
Druck: Books on Demand GmbH, In de Tarpen 42, 22848 Norderstedt

Imprint
Publisher: BABADADA GmbH, Nedderfeld 112 , 22529 Hamburg, Germany
Managing Director / Publishing direction: Harald Hof
Print: Books on Demand GmbH, In de Tarpen 42, 22848 Norderstedt

el colegio

دبستان

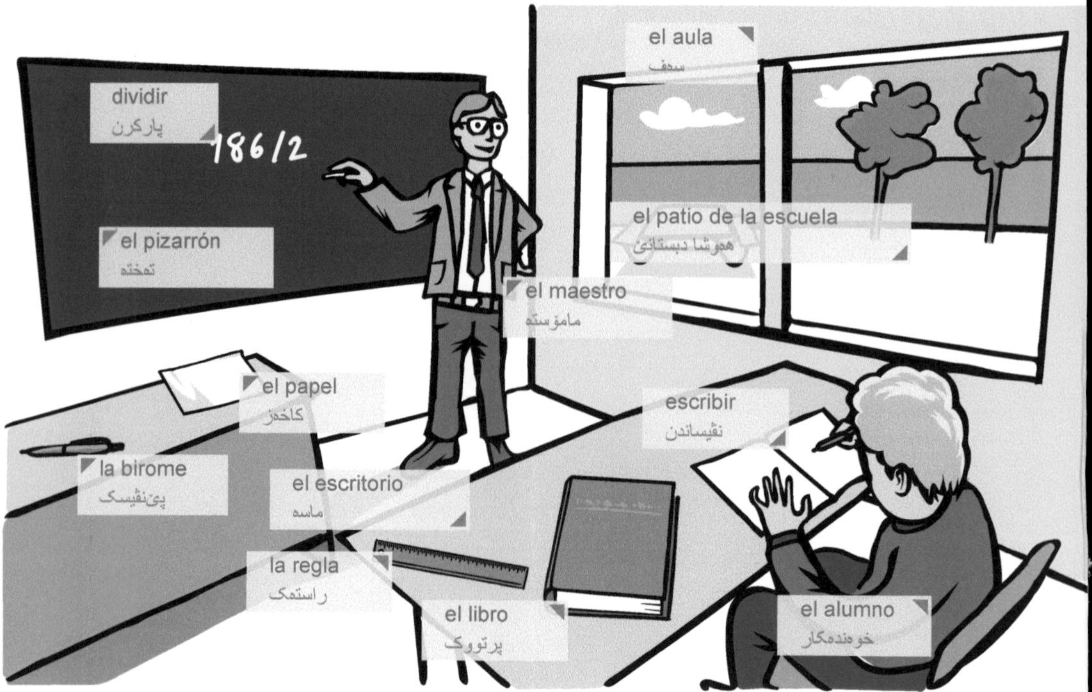
el aula
سەف
dividir
پارکرن
186/2
el patio de la escuela
هەوشا دبستانێ
el pizarrón
تەختە
el maestro
مامۆستە
el papel
کاخەز
escribir
نڤیساندن
la birome
پێنڤیسک
el escritorio
ماسە
la regla
راستەک
el libro
پرتووک
el alumno
خوەندەکار

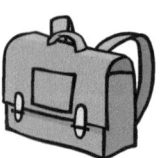

la mochila

چەوال

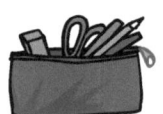

la caja de lápices

قووتی نڤیستۆک

el lápiz

قەلەمرساس

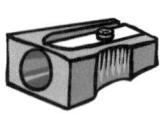

el sacapuntas

نڤیستۆک تووژکر

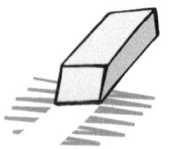

la goma (de borrar)

ژێبر

el bloc de dibujo

نڤیسکا نیگاری

ik

ja

du

ти

he / se / dat

он / она / оно

wi

ми

ji

ви

se

они

keen?

Ко?

wat?

Шта?

woans?

Како?

woneem?

Где?

wannehr?

Када?

de Naam

име

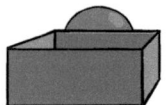

achter

иза

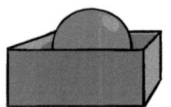

in

у

vör

испред

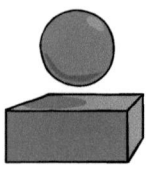

över

преко

op

на

ünner

испод

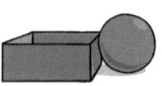

blangen

поред

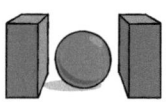

twüschen

између

de Oort

место

el dibujo

نیگار

el pincel

فرچیا رەنگێ

la caja de pinturas

قووتی رەنگ

la tijera

مەقەس

el pegamento

لەزاق

el cuaderno de ejercicios

پەرتووکا فێربوون

la tarea

وەزیفا مالێ

el número

هەژمار

sumar

زێدەکرن

restar

دەرخستن

multiplicar

زێدەکرن

calcular

هەسباندن

la letra

تیپ

el abecedario

ئالفابە

la palabra

پەیڤ

el texto

نڤیسی

leer

خواندن

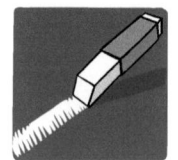

la tiza

گەچ

la lección

دەرس

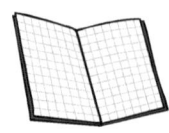

el cuaderno de clase

قەیدکرن

el examen

ئیمتیهان

el certificado

شەهاده

el uniforme escolar

کنجا دبستانێ

la educación

پەروەردەهی

la enciclopedia

زانستنامە

la universidad

زانینگە

el microscopio

میکرۆسکووپ

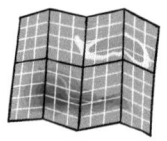

el mapa

خەریتە

el tacho (de basura)

سەپەتا کاخەزی

el viaje

رێوێتی

el hotel
مێڤانخانە
el hostel
مێڤانخانە
ROOMS
EXCHANGE
la casa de cambio
ئۆفیسا پەرە ڤەگوهارتنێ
la valija
جەنتە
el auto
ماشین

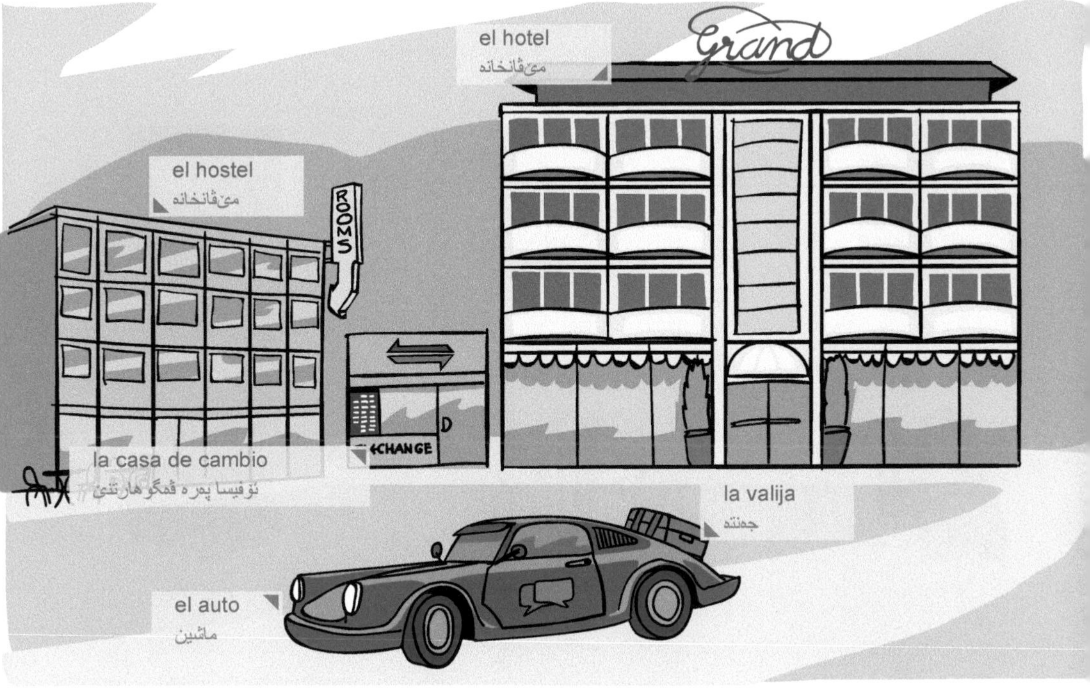

el idioma

زمان

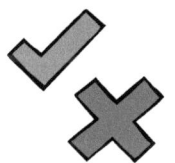

sí / no

بەلێ / نا

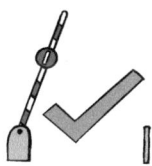

Está bien

باش

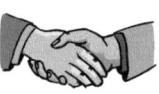

hola

سلاڤ

el traductor

وەرگێرا نڤیسکی

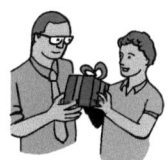

Gracias

سپاس

¿cuánto cuesta…?

بهایى ... چ قاسده؟

No entiendo

ئەز فام ناکم

el problema

ئاریشه

¡Buenas tardes!

ئێڤارباش!

¡Buenos días!

سپێدی باش!

¡Buenas noches!

شەڤ باش!

el adiós

خاترى تە

la dirección

ئالى

el equipaje

هوورموور

el bolso

چەنتە

la mochila

چەنتە پشت

el invitado

مێڤان

la habitación

ئۆده

la bolsa de dormir

جامه خەو

la carpa

چادر

la información turística

ناگاگیێن گەرۆکان

la playa

رمخێ ناڤێ

la tarjeta de crédito

کارتێ قەرزێ

el desayuno

تاشتێ

el almuerzo

فراڤین

la cena

شیڤ

el pasaje

کارت

el ascensor

ئاسانسۆر

el sello

پوول

la frontera

تخووب

la aduana

گۆمرک

la embajada

بالیۆزخانە

la visa

ڤیزا

el pasaporte

پاساپۆرت

el transporte
گوهازتن

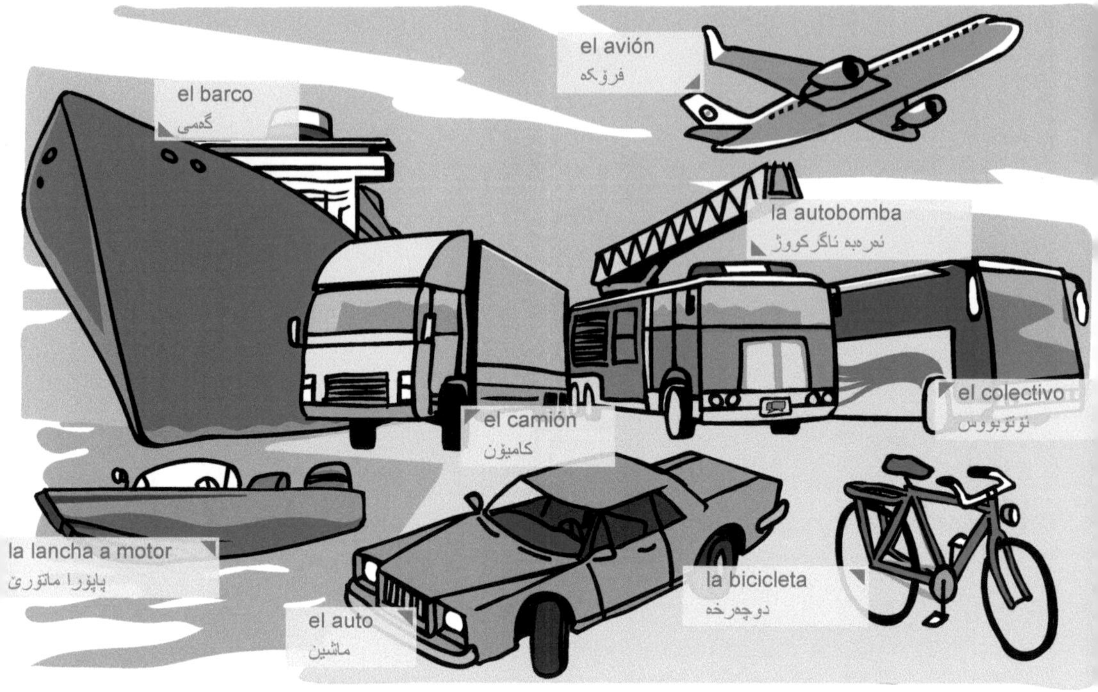

el avión
فرۆكە
el barco
گەمی
la autobomba
ئەرەبە ئاگركووژ
el colectivo
ئۆتۆبووس
el camión
كامیۆن
la lancha a motor
پاپۆرا ماتوری
el auto
ماشین
la bicicleta
دوچەرخە

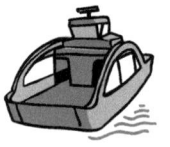

el ferry

پاپۆر

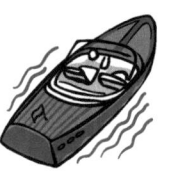

el bote

پاپۆر

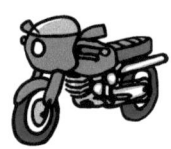

la moto

مۆتۆرسیكلێت

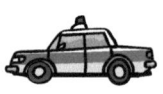

el patrullero

ترمبێلا پۆلیسێ

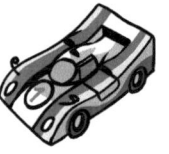

el auto de carreras

ترمبێلا پێشبازیێ

el auto de alquiler

ئەرەبە كرێكرنێ

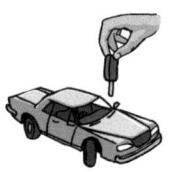

el alquiler de autos

ماشین پەرڤەمکرن

la grúa

کامیۆنا کشاندنێ

el camión de la basura

کامیۆنا خولیی

el motor

مۆتۆرسیکلێت

la nafta

مازۆت

la estación de servicio

ئیستەگەها بەنزینێ

la señal de tránsito

تابلۆیا ترافیکێ

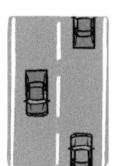

el tránsito

هاتنووچوون

el embotellamiento

ترافیک

el estacionamiento

جهێ پارکێ

la estación de tren

راوەستەکا ترێنێ

las vías

رێچ

el tren

ترێن

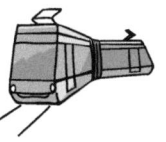

el tranvía

ترێنێ کۆلانێ

el vagón

نەرمەبە

el helicóptero

بابرۆک

el aeropuerto

بالافرگمه

la torre

برج

el pasajero

مسافر

el contenedor

قووتی

la caja de cartón

قووتی

la carretilla

گرگرۆک

la canasta

سەلک

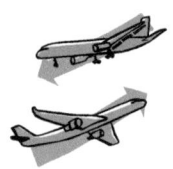

despegar / aterrizar

رابوون / نیشتن

la ciudad

بازار

el pueblo

گوند

el centro de la ciudad

ناڤەندا بازارێ

la casa

خانی

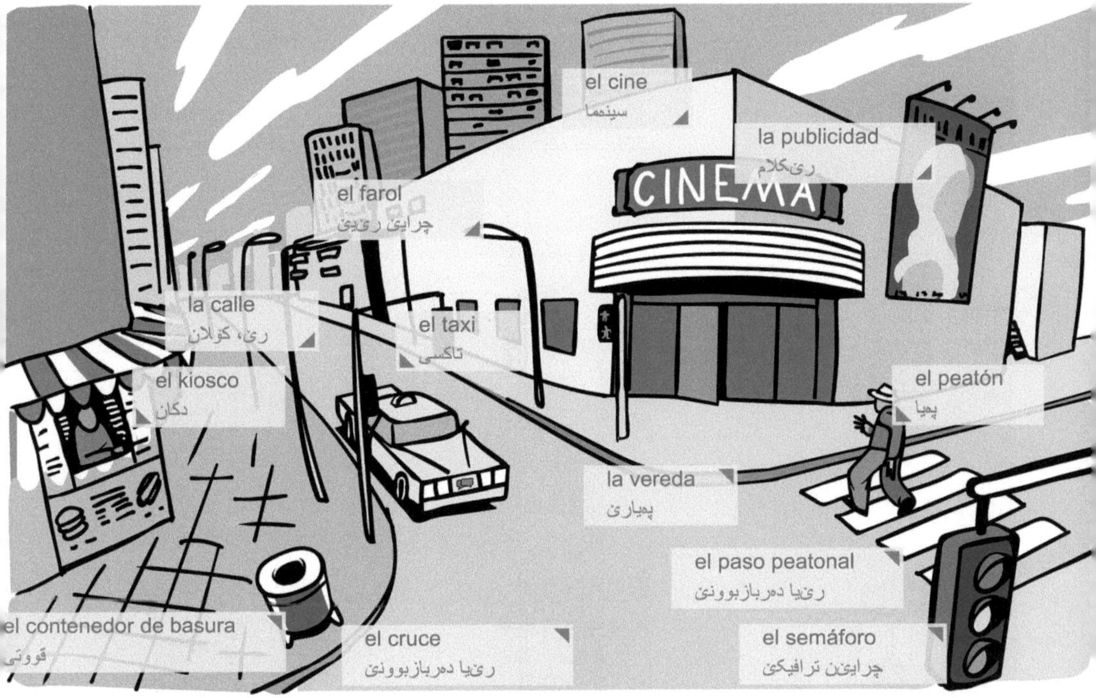
el cine
سینەما
la publicidad
ڕیکلام
CINEMA
el farol
چرایی ڕێگ
la calle
ڕێ، کۆلان
el taxi
تاکسی
el kiosco
دکان
el peatón
پەیا
la vereda
پەیارێ
el paso peatonal
ڕێیا دەربازبوونێ
el contenedor de basura
قووتی
el cruce
ڕێیا دەربازبوونێ
el semáforo
چرایێن ترافیکێ

la cabaña
کۆخ

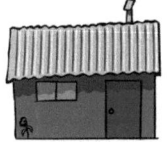

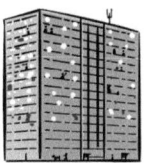

el departamento
خانی

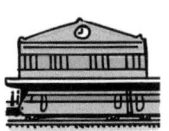

la estación de tren
راوەستەگا ترێنێ

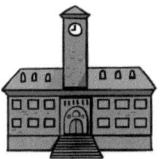

la municipalidad
تەلارا شارەڤانی

MUSEUM

el museo
مووزەخانە

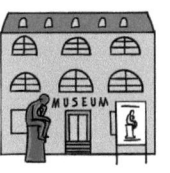

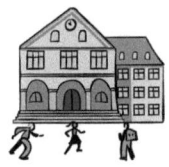

el colegio
دبستان

la universidad

زانینگه

el banco

بانک

el hospital

نهخوشخانه

el hotel

مێهمانخانه

la farmacia

دهرمانخانه

la oficina

نۆفیس

la librería

کتێبفرۆشی

el negocio

دکان

la florería

گولفرۆش

el supermercado

بازار

el mercado

بازار

las grandes tiendas

سوپهرمارکێت

la pescadería

ماسیفرۆش

el centro comercial

ناوهندا کڕین

el puerto

بهندهر

el parque

پارک

el banco

سەکوو

el puente

پر

las escaleras

دەرنجە

el subte

ژێر زەمینی

el túnel

تونێل

la parada del colectivo

نیستگەمها ئۆتۆبووس

el bar

بار

el restaurante

خوارنگە

el buzón

سندووقا پۆستێ

el letrero

نیشاندەرکا رێیێ

el parquímetro

مەترا پارکینگێ

el zoológico

باخچا هەیوانان

la pileta

هەوزا مەلەڤانێ

la mezquita

مزگەفت

la ciudad - بازار   13

la granja

جوتگەھ

la contaminación

لموتاندنا دەردۆر

el cementerio

گۆرستان

la iglesia

کەنیسە

los juegos infantiles

نەردئ لەیستنئ

el templo

پەرەستگەھ

el paisaje

تەبیعەت

la hoja
گەڵا

el poste indicador
نیشاندەرکا رئ

el camino
رئ

la pradera
مێرگ

la piedra
کەفڕ

el excursionista
گەرزۆک

el árbol
دار

el río
چەم

la hierba
گیا

la flor
کولیلک

el valle

دۆل

la montaña

گر

el lago

گۆل

el bosque

دارستان

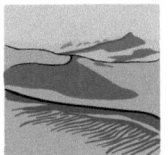

el desierto

بیابان

el volcán

ڤۆلکان

el castillo

كەللە

el arco iris

كەسكەسۆر

el champiñón

كۆارک

la palmera

دارقەسپ

el mosquito

مخمخک

la mosca

مێش

la hormiga

مێرى

la abeja

هنگ

la araña

پیرى

el escarabajo

كيزك

la rana

بۆق

la ardilla

سهۆر

el erizo

ژیژۆک

la liebre

كهرگوه

la lechuza

پهپووك

el pájaro

چڵیک

el cisne

قوو

el jabalí

بهرازێ كۆڤی

el ciervo

پهزكۆڤی

el alce

پهزكۆڤی

la presa

بهنداڤ

el aerogenerador

توربینا با

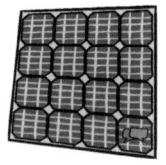

el panel solar

پانهلا خۆرێ

el clima

ناڤ و ههوا

el restaurante
خوارنگەه

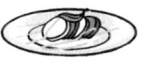

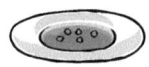

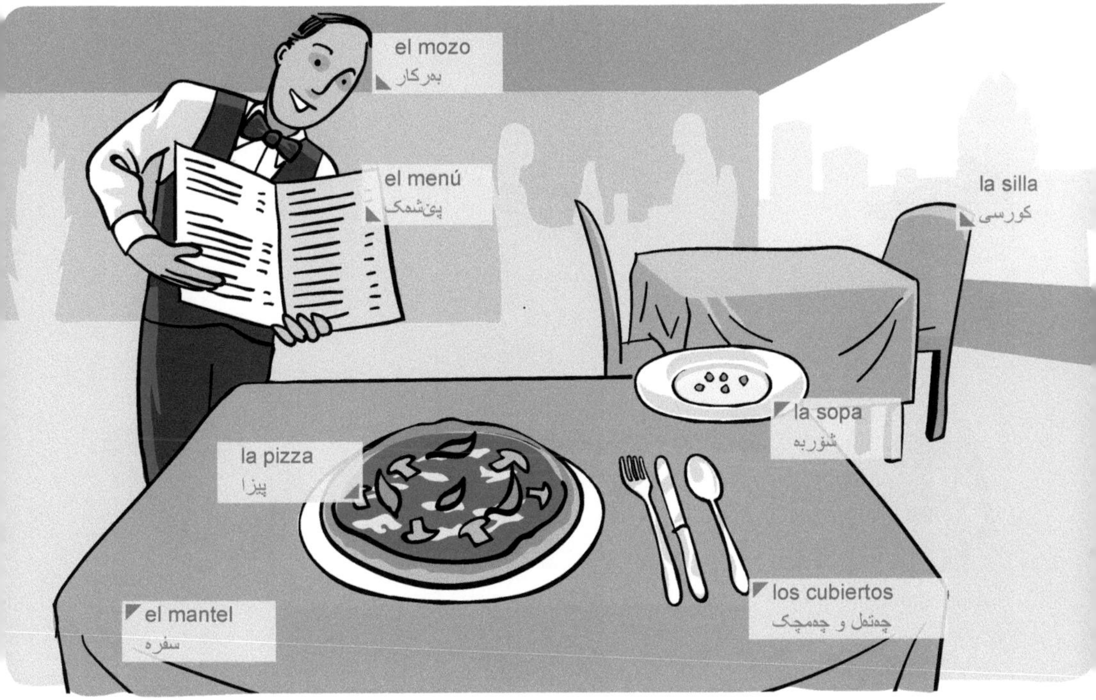

el mozo
بەرکار
el menú
پێشمک
la silla
کورسی
la sopa
شۆربە
la pizza
پیزا
los cubiertos
چەتەل و چەمچک
el mantel
سفرە

la entrada
خوارنا دەستپێک

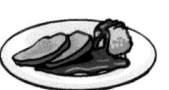

el plato principal
خوارنا سەرەکی

el postre
شێرانی

las bebidas
ڤەخوارنان

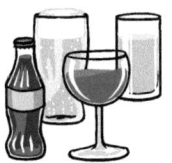

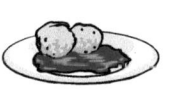

la comida
خوارن

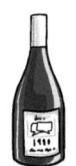

la botella
جام

la comida rápida

خواردنا خلز

la comida callejera

خواردنا رێیی

la tetera

چايدانک

la azucarera

قووتی شەکری

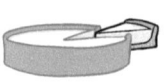

la porción

بەش

la cafetera expreso

مەکینا چێکرنێ ئەسپرەسسۆ

la sillita alta

کورسیا بلیند

la cuenta

هەساب

la bandeja

سێنی

el cuchillo

کێر

el tenedor

چەتەل

la cuchara

کەڤچی

la cucharita

کەڤچیا چای

la servilleta

پێشگر

el vaso

قەدەحە

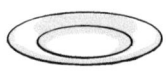

el plato

تەبفىک

el plato hondo

تەبفىکا شۆربە

el plato

پیالە

la salsa

چێنج

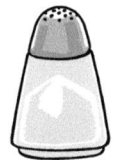

el salero

خوێدانک

el molinillo de pimienta

قووتی بیبار

el vinagre

سرکە

el aceite

روون

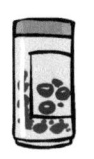 

las especias

بهارات

el kétchup

کەتچاپ

la mostaza

موستارد

la mayonesa

مایۆنێز

el supermercado

بازار

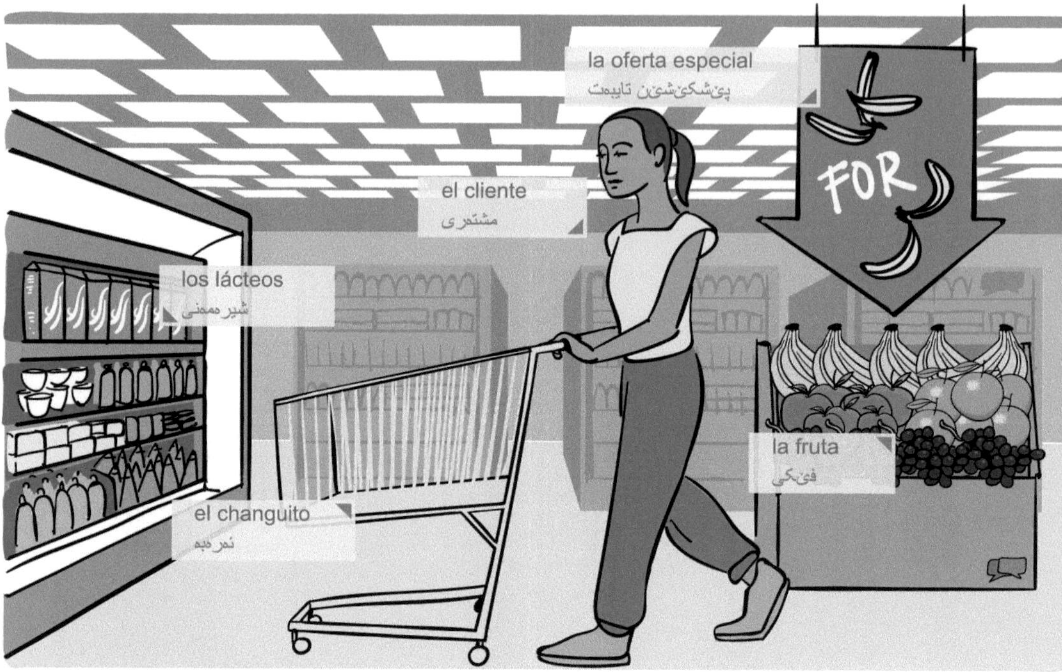

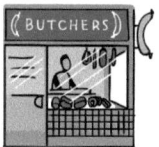

la oferta especial
پێشکێشیێن تایبەت
FOR
el cliente
مشتەری
los lácteos
شیرەمەنی
la fruta
فێکی
el changuito
عەرەبە

BUTCHERS

la carniceria

قەسابی

BAKERY

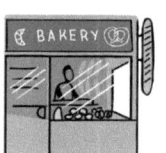

la panadería

دکانا نانپێژ

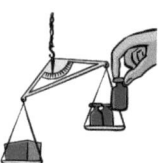

pesar

وەزن کرن

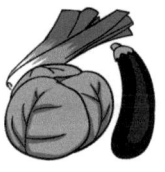

las verduras

سەوزە

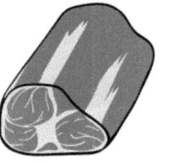

la carne

گۆشت

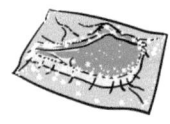

los alimentos congelados

خوارنێ جەمەدی

los fiambres

گۆشتێ سار

los alimentos enlatados

خوارنا پێلێ

el detergente en polvo

خوباری پاقژکرنێ

las golosinas

شرینی

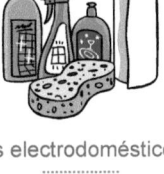

los electrodomésticos

بەرهەمێن ناڤخوەیی

los productos de limpieza

بەرهەمێن پاقژکرنێ

la vendedora

فرۆشیار

la caja

خەزنۆک

el cajero

دراڤگر

la lista de compras

لیستا کرینێ

el horario de atención

دەمێن ڤەمکری

la billetera

جزدان

la tarjeta de crédito

کارتێ قەرزی

la cartera

چەوال

la bolsa de plástico

چەنتە

el agua

ئاۋ

el jugo

شەربەت

la leche

شیر

la bebida cola

کۆمر

el vino

شەراب

la cerveza

بیرا

el alcohol

ئالکۆل

el cacao

کاکۆ

el té

چای

el café

قەهوە

el café expreso

ئەسپرەسسۆ

el cappuccino

کاپۆچینۆ

la banana

مؤز

la manzana

سیٚڤ

la naranja

پرتەقالی

el melón

گوندۆر

el limón

لیمۆن

la zanahoria

گێزەر

el ajo

سیر

el bambú

قامر

la cebolla

پیڤاز

el champiñón

قارچک

las nueces

گوویز

los fideos

شهیره

los tallarines

سپاگێتتی

el arroz

برنج

la ensalada

سەڵەتە

las papas fritas

چیپس

las papas fritas

پەتاتەی براشتی

la pizza

پیزا

la hamburguesa

هامبورگەر

el sándwich

نانۆک

el churrasco

گۆشتی ستووێی بەرخی

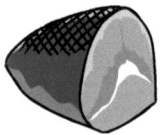

el jamón

گۆشتی هشککری

el salame

سالامێ

la salchicha

سۆسیس

el pollo

مریشک

el asado

بژارتن

el pescado

ماسی

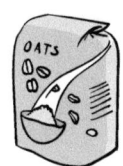

los copos de avena

شۆربه بلوول

el muesli

مووسلی

los copos de maíz

کەرتێن گلگلان

la harina

ئارد

la medialuna

جرۆسسانت

el pancito

سەموون

el pan

نان

la tostada

تۆست

las galletitas

نانک

la manteca

نڤیشک

la cuajada

ماست

la torta

کولیچه

el huevo

هێک

el huevo frito

هێکا قەلاندی

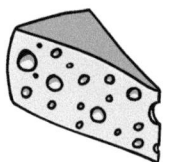

el queso

پەنیر

la comida - خوارن   25

el helado

دۆندرمه

el azúcar

شەکر

la miel

هەنگڤ

la mermelada

مرەبا

la pasta de chocolate

خامیا نۆوگات

el curry

کوری

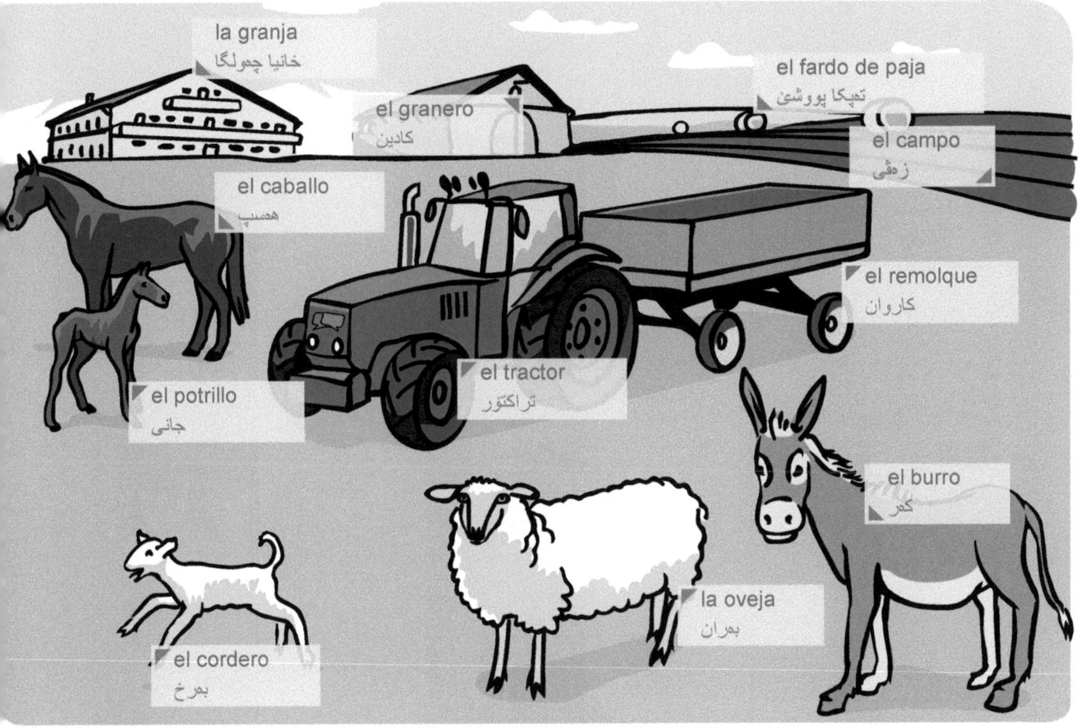

la granja
خانیا چمولگا

el granero
کادین

el fardo de paja
تەپکا پووشی

el caballo
هەسپ

el campo
زەڤی

el remolque
کاروان

el potrillo
جانی

el tractor
تراکتۆر

el burro
کەر

el cordero
بەرخ

la oveja
بەران

la cabra
بزن

la vaca
چۆلەک

el ternero
گۆلک

el cerdo
بەراز

el lechón
خنزیرک

el toro
بۆخە

el ganso

قاز

el pato

مرافی

el pollo

جووچک

la gallina

مریشک

el gallo

کەڵەشێر

la rata

جرج

el gato

کتک

el ratón

مشک

el buey

گا

el perro

کووچک

la cucha

خانیا کووچکێ

la manguera

خانی باخێ

la regadera

قووتیکا ئاڤدانێ

la guadaña

شالووک

el arado

گاسن

la hoz

داس

la azada

مەربێر

la horquilla

دارساپک

el hacha

بفڕ

la carretilla

دەستگەرە

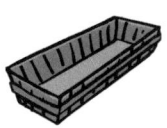

el abrevadero

قووتی خوارنا جانداران

la lechera

قووتی شیر

la bolsa

توور

la reja

چەپەر

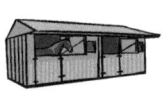

el establo

ناخور

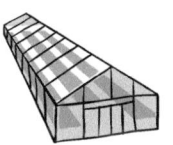

el invernadero

خانا كوليلكان

el suelo

ناخ

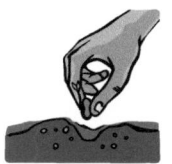

la semilla

دەمندک

el fertilizador

پەيين

la cosechadora

كۆمباين

cosechar

زاد

la cosecha

زاد

las batatas

پەتەتە

el trigo

گەنم

la soja

فاسۆلی

la papa

پەتەتە

el maíz

دەخل

la semilla de colza

دەندک

el árbol frutal

دارێ فێکی

la mandioca

سێڤێ بن نەردی

los cereales

زاد

la casa

خانی

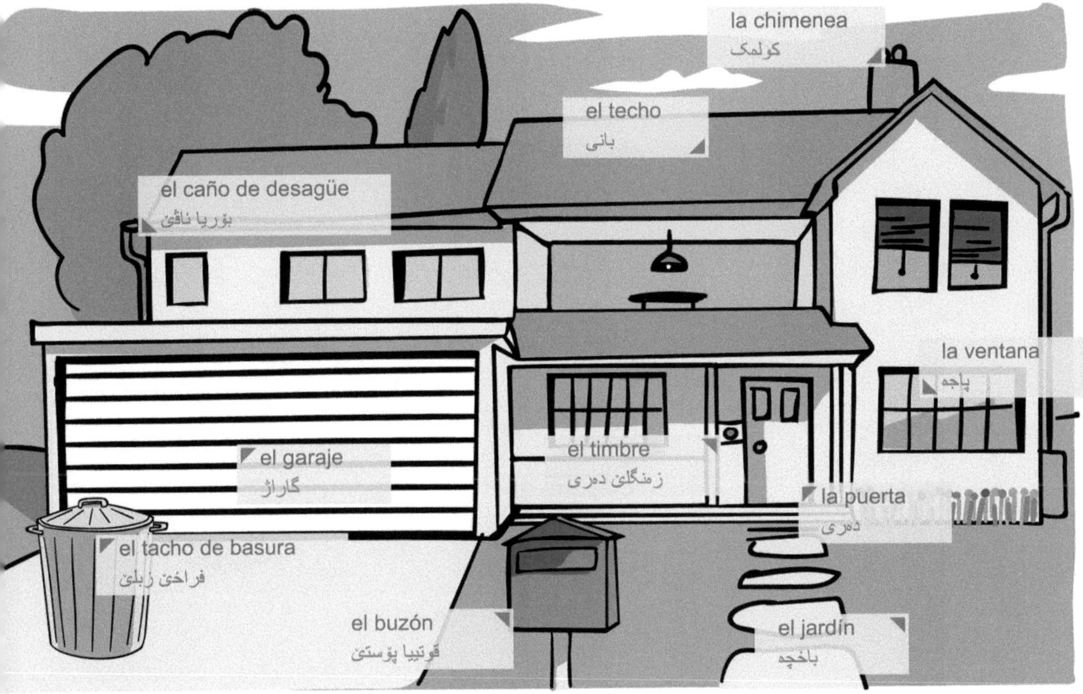

la chimenea
كولمک

el techo
بانی

el caño de desagüe
بۆریا ئاڤێ

la ventana
پاجه

el garaje
گاراژ

el timbre
زه‌نگلێ ده‌رى

la puerta
ده‌رى

el tacho de basura
فراخێ زبلئ

el buzón
قوتییا پۆستێ

el jardín
باخچه

el living

نۆدا روونشتنێ

el baño

همام

la cocina

مه‌تبه‌خ

el dormitorio

نۆدا حه‌وێ

el cuarto de los chicos

نۆدميا زارۆک

el comedor

نۆدا شيفتن

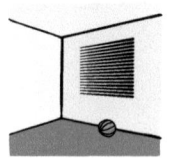

el piso

بنی

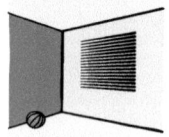

la pared

دیوار

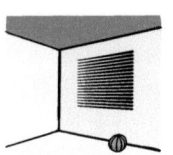

el cielorraso

بمربان

el sótano

خمنزک

el sauna

ساونا

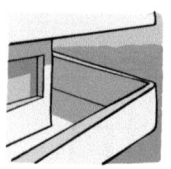

el balcón

بالکۆن

la terraza

بمردانک

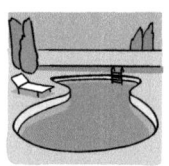

la pileta

هدوزا محلمقانی

la cortadora de pasto

چیممن بر

la sábana

مملهمقم

el acolchado

بمتانی

la cama

نقْین

la escoba

گمزک

el balde

ساتل

el interruptor

کلیل

el living
ئۆدا روونشتنێ

el empapelado
کاخەزی دیوار
la imagen
وێنە
la lámpara
لامپا
el estante
رەف
el armario
دۆلاب
la televisión
تەلەفیسیۆن
la chimenea
ناگردان
la flor
گولیلک
el almohadón
سەرین
el sofá
قەنەپە
el florero
گولدانک
el control remoto
کونترۆلا دوور

la alfombra

خالیچە

la cortina

پەردە

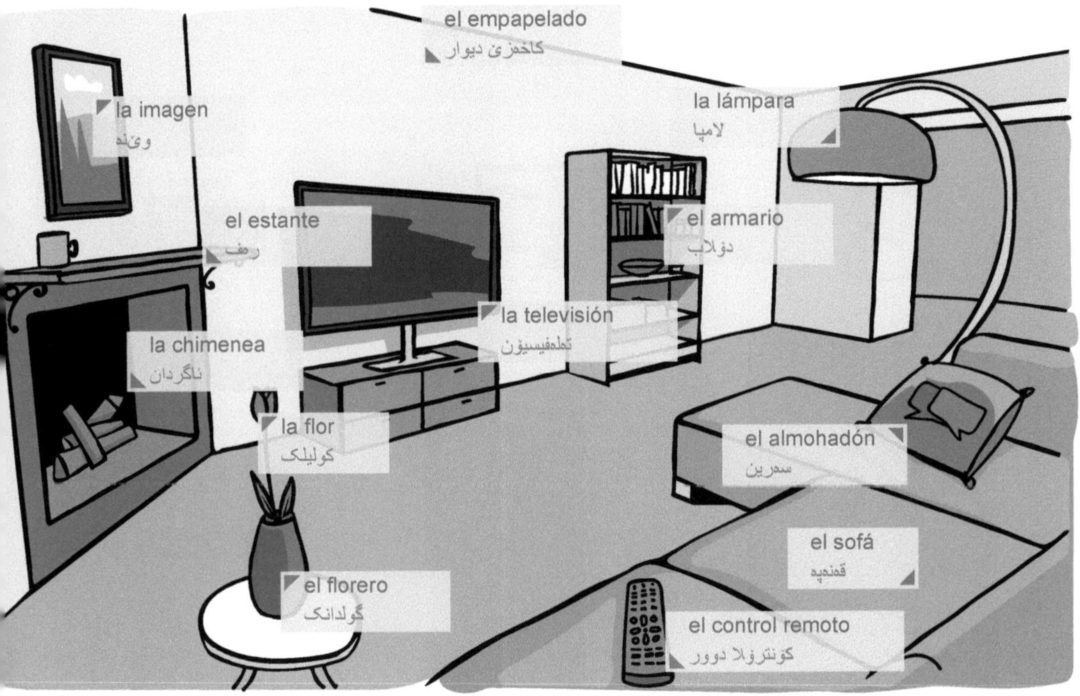

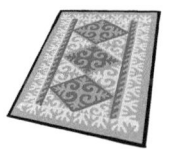

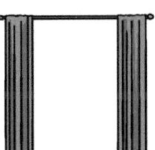

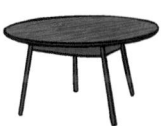

la mesa

مێز

la silla

کورسی

la mecedora

کورسیا هەژانۆک

el sillón

کورسی

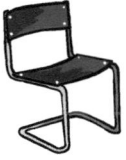

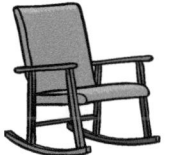

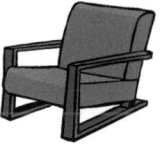

el libro

پرتووک

la frazada

بەتانى

la decoración

خەملاندن

la leña

ئێزنگ

la película

فیلم

el equipo de música

هـف

la llave

کلیل

el diario

رۆژنامه

la pintura

نیگار

el póster

پۆستەر

la radio

رادیۆ

el cuaderno

دەفتەر

la aspiradora

سڧئکا نەلمەکتریکی

el cactus

کاکتووس

la vela

مۆم

la cocina

مەتبەخ

la heladera
سارنج
el microondas
مایکرۆڤەیڤ
la balanza de cocina
تەرازیا مەتبەخێ
la tostadora
ئامووڕا نان گەرمکرنێ
el detergente
پاگژکەر
el horno
سۆبە
el freezer
سارکەر
el tacho de basura
فراخێ زبلێ
el lavaplatos
فراقشۆک

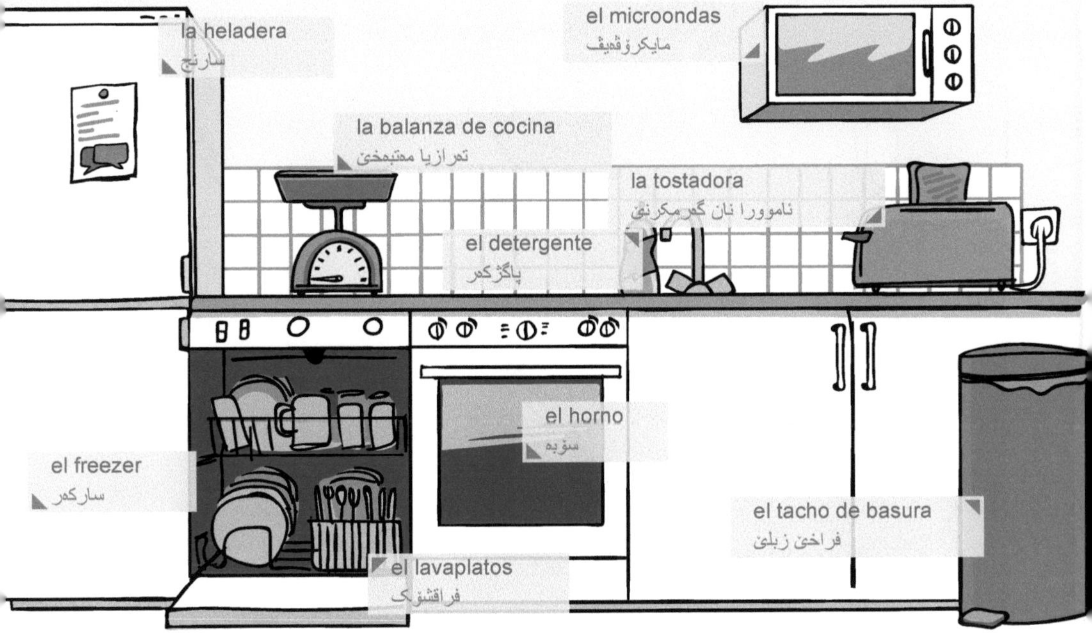

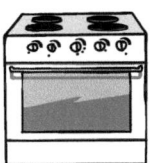

la cocina

سۆبە

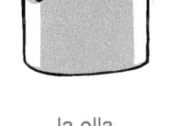

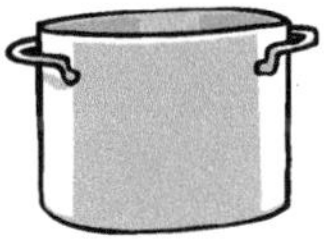

la olla

ئامان

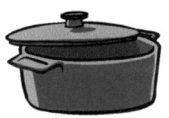

la olla de hierro fundido

ئامانێ ئووتوو

el wok

فراقێ مەزن

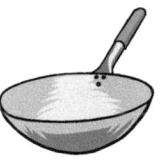

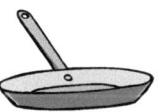

la sartén

دیزک

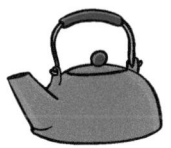

la pava

کەلینک

la vaporera

فراقی هلمێ

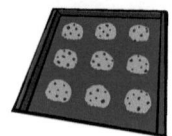

la bandeja de horno

سینی نانئ

la vajilla

فراق

la taza

پیاڵه

el bol

کاسک

los palitos

داری نانخوارن

el cucharón

هسک

la espátula

کەفچیا ممزن

la batidora

رینمک

el colador

کدفگیر

el colador

بێژنگ

el rallador

رێشکەر

el mortero

دەستار

la parrilla

براشتن

la fogata

ئاگرێ ڤالا

la tabla de picar

تەختەیا بڕینێ

el palo de amasar

داركێ تیرێ

el sacacorchos

دەفک بادەک

la lata

قووتی

el abrelatas

قووتیڤەمکر

la manopla

جاوێ ئامانان

la pileta

دەستشۆ

el cepillo

فرچە

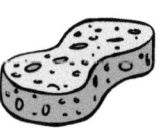

la esponja

پارازۆا

la batidora

تەڤژەنێر

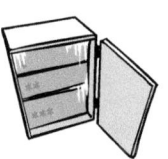

el congelador

ساركەرێ جەمەدی

la mamadera

شووشە بەبکان

la canilla

هەنەڤی

el baño

هەمام

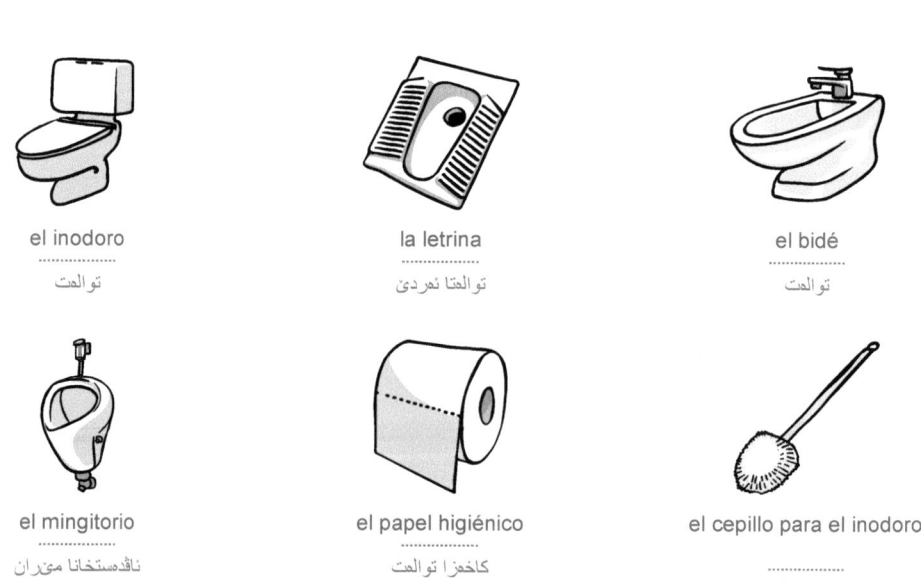

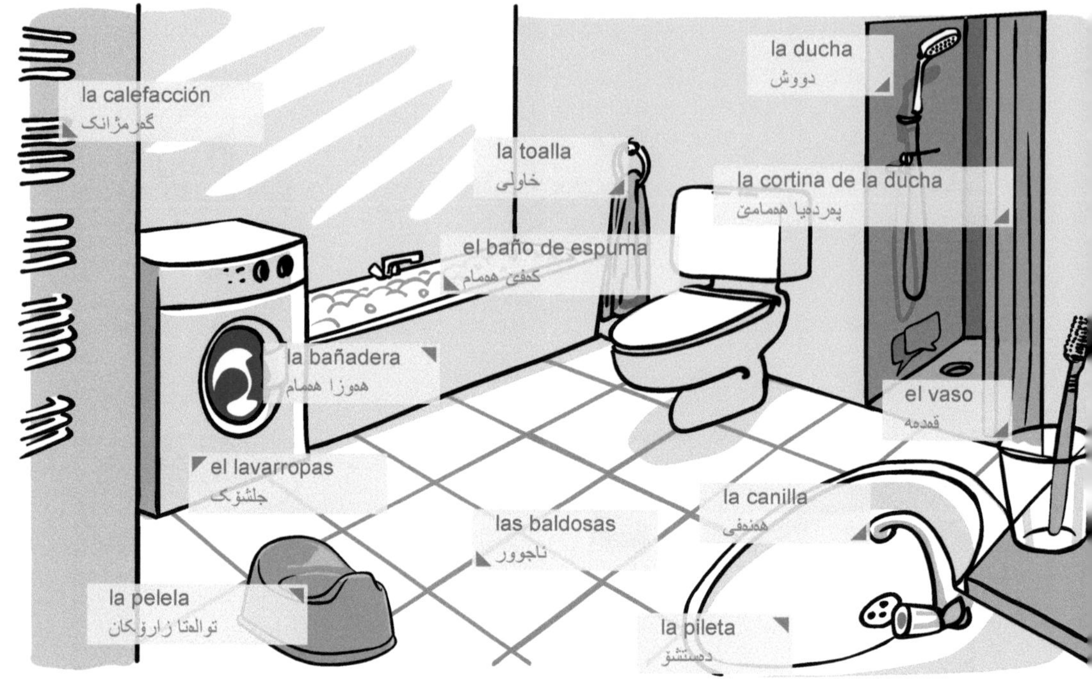
la calefacción
گەرمژانک
la toalla
خاولی
la ducha
دووش
la cortina de la ducha
پەردەیا هەمامێ
el baño de espuma
کەفێ هەمام
la bañadera
هەوزا هەمام
el lavarropas
جلشۆک
las baldosas
ئاجوور
la canilla
هەنەفی
el vaso
قەدەھ
la pelela
توالەتا زاڕۆکان
la pileta
دەستشۆ

el inodoro

توالەت

la letrina

توالەتا ئەردێ

el bidé

توالەت

el mingitorio

ئاڤدەستخانا مێران

el papel higiénico

کاخەزا توالەت

el cepillo para el inodoro

فرشەیا توالەت

el cepillo de dientes

فرچیا دران

el dentífrico

ممجوونا دران

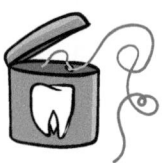

el hilo dental

نمخا ددأن

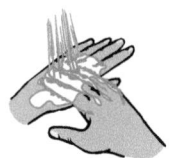

lavar

شووشتن

la ducha de mano

دووشئ دستئ

la ducha higiénica

دووش

la palangana

دستشق

el cepillo para la espalda

فرچا پشت

el jabón

سابوون

el gel de ducha

جئلئ هدمام

el shampoo

شامپو

la toallita

فانیله

el desagüe

زیراب

la crema

کریم

el desodorante

بئهن خوشکر

el espejo

مرێک

el espejito

مرێکا دەستێ

la maquinita de afeitar

گووزان

la espuma de afeitar

كەفێ تەراشینێ

el aftershave

ممجوونا پشتی تەراشینێ

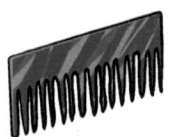

el peine

شەھە

el cepillo

فرچە

el secador de pelo

پۆر ھیشککر

el spray

سپرایا پۆرێ

el maquillaje

كۆزمەتیک

el lápiz de labios

سۆراڤک

el esmalte para uñas

رەنگێ نینۆک

el algodón

پەمبوو

la tijera para uñas

مەقەستا نینۆک

el perfume

پارفووم

el portacosméticos

چمەوالئ ھەمامئ

la banqueta

کورسیا بەیشت

la balanza

تەرازى

la bata

کنجا ھەمامئ

los guantes de goma

لەپکا لاستیکئ

el tampón

تامپۆن

la toallita femenina

خاولیا پاقژکرنئ

el baño químico

توالەتا کیمییەوى

el cuarto de los chicos

ئۆدەیا زاروک

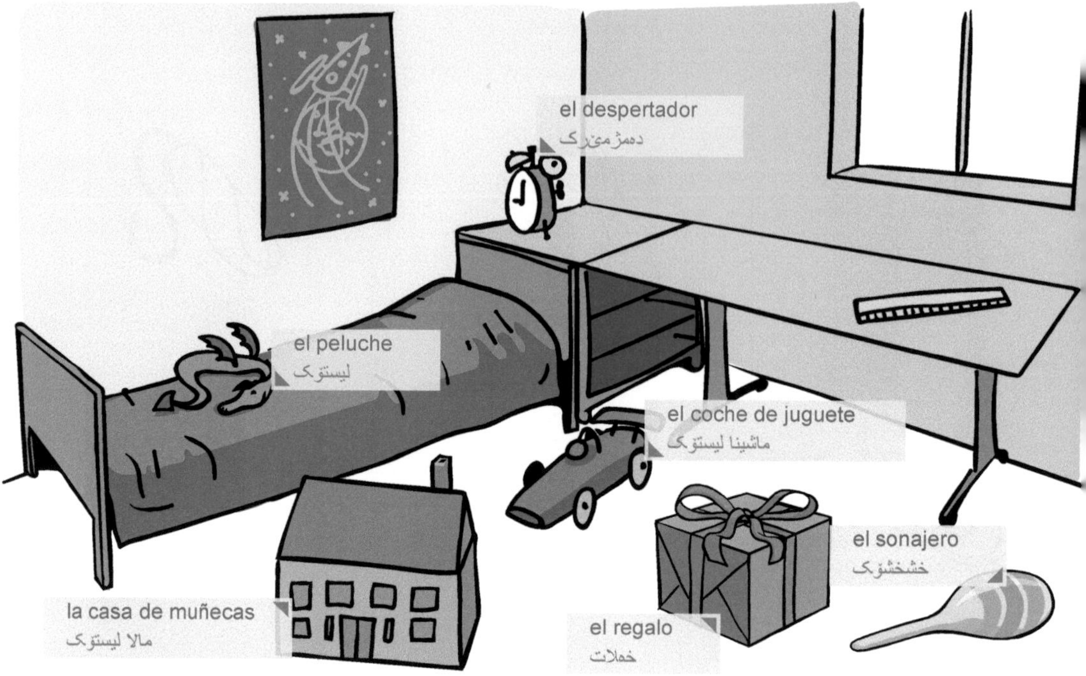

el despertador
دەمژمێرک
el peluche
لیستوک
el coche de juguete
ماشینا لیستوک
el sonajero
خشخشوک
la casa de muñecas
مالا لیستوک
el regalo
خەلات

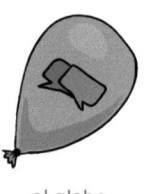

el globo

پفدانک

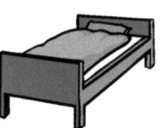

la cama

نڤین

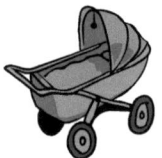

el cochecito

کۆچک

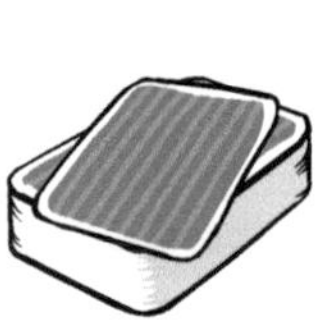

las cartas

لیستکا کارتێ

el rompecabezas

فریزبی

SUPER MEGA

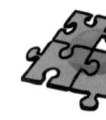

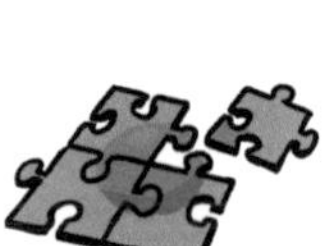

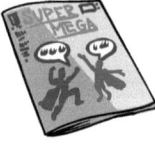

la historieta

کۆمیک

las piezas de lego

ناجوورا لێگۆ

los ladrillos de juguete

ناجوورا لیستۆک

la figura de acción

بووکە شووشە

el enterito (de bebé)

کنجا بەبکان

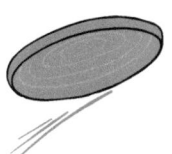

el frisbee

فرزبی

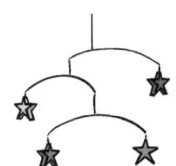

el móvil para bebés

قەگو هەمستن

el juego de mesa

لیستکێن تەمختە

los dados

مۆر

el tren eléctrico

مۆدێلا ترێنێ

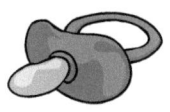

el chupete

مەمک

la fiesta

جەژن

el libro de cuentos ilustrado

کتێبا وێنە

la pelota

تۆپ

la muñeca

بووکە شووشە

jugar

لەیستن

el arenero

کونا خیزی

la hamaca

جۆلانە

los juguetes

لیستۆکان

la consola de videojuegos

لیستکا ڤیدەۆیی

el triciclo

سێچمرخە

el osito de peluche

هرچا لیستۆک

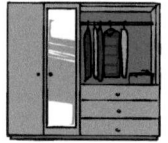

el armario

جلدانک

la ropa

کنج

las medias

گۆرە

las medias panty

گۆرە

las calzas

دەرپێگۆری

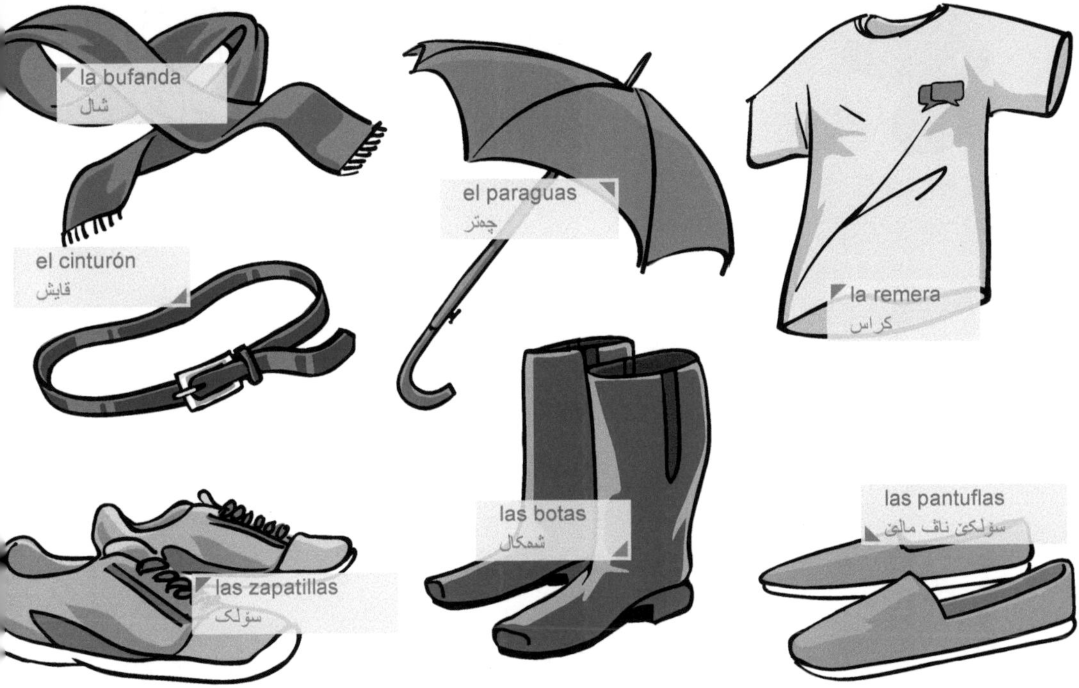

la bufanda
شال

el paraguas
چەتر

la remera
كراس

el cinturón
قايىش

las botas
شمكال

las pantuflas
سۆلكئ ناف مالئ

las zapatillas
سۆلك

las sandalias
سۆلك

los zapatos
سۆل

las botas de goma
پۆتينا چەرمئ

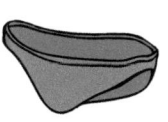

la ropa interior
پانتۆلئ ژئر

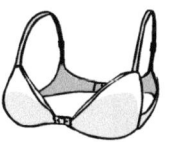

el corpiño
پئسيربەند

el chaleco
چمكبەند

el body

جەندەمک

los pantalones

پانتۆل

los jeans

ژمانس

la pollera

دامان

la blusa

کراس

la camisa

کراس

el pulóver

فانیڵه

el buzo

فانیڵه

el blazer

جاکێت

la campera

ساکۆ

el tapado

چاکەت

el piloto

بارانی

el traje

لەباس

el vestido

فیستان

el vestido de novia

جلی داوەتی

el traje

چاکیت

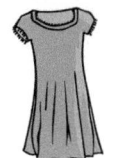

el camisón

پێنجامە

el pijama

پێنجامە

el sari

ساری

el pañuelo para la cabeza

لەچک

el turbante

مێزەر

la burka

هێزارم

el caftán

کافتان

la abaya

ئەبا

el traje de baño

کنجا ئاژناکرن

el short de baño

جلکا مەلەقانی

los shorts

شۆرت

el jogging

جلا هەنقۆژکاری

el delantal

پێشمال

los guantes

لەپک

el botón

دووگمه

los anteojos

بەرچاڤک

la pulsera

بازن

el collar

گەردەنی

el anillo

گوستیل

el aro

گوهارک

la gorra

دەفک

la percha

هلاڤستمک

el sombrero

کووم

la corbata

کراوات

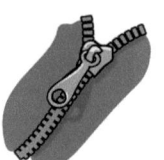

el cierre

زیپ

el casco

سمرپارێز

los tiradores

دەرزی

el uniforme escolar

کنجا دیبستانی

el uniforme

یوونیفۆرم

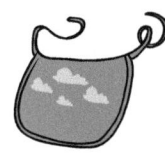

el babero

بەردلک

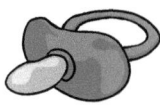

el chupete

مەمک

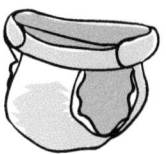

el pañal

پونداخ

la oficina

ئۆفیس

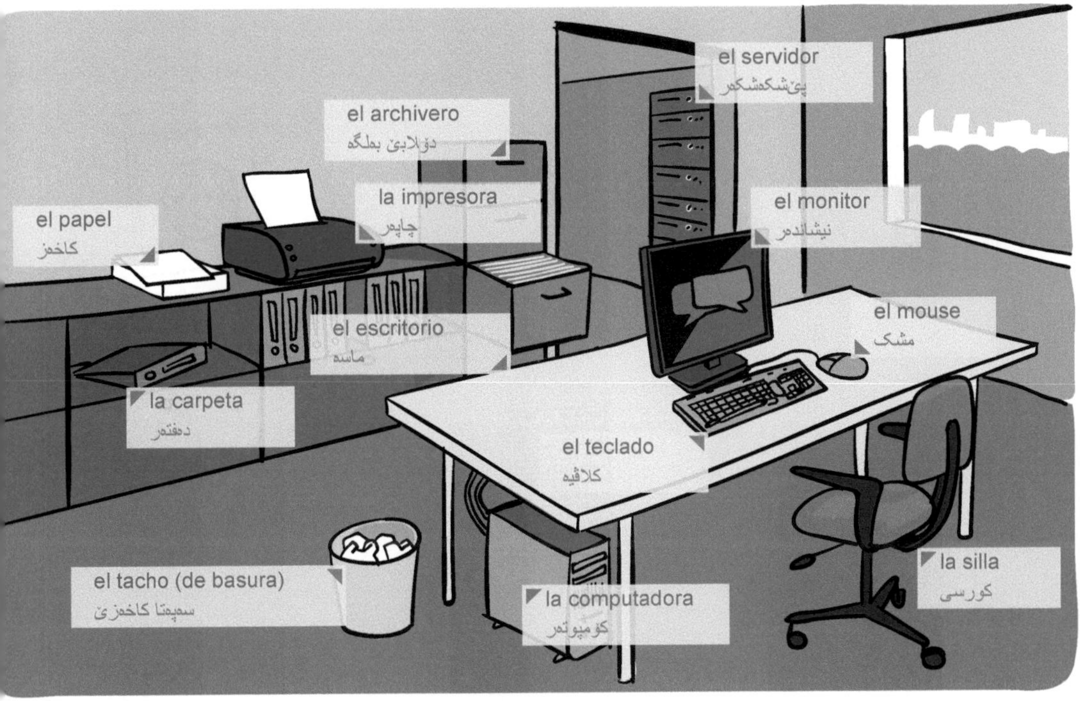

el servidor
پێشکەشکەر
el archivero
دۆلابێ بەلگە
la impresora
چاپەر
el papel
کاخەز
el monitor
نیشاندەر
el mouse
مشک
el escritorio
ماسە
la carpeta
دەفتەر
el teclado
کلاڤیە
la silla
کورسی
el tacho (de basura)
سەپەتا کاخەزێ
la computadora
کۆمپیوتەر

la taza de café

کاسکا قەهوە

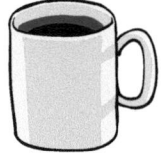

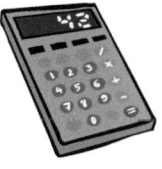

la calculadora

هەسابکەر

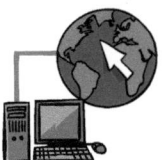

el internet

ئینتەرنەت

la laptop

كومپيوتېرا لاپتوپ

la carta

نامه

el mensaje

پەيام

el celular

تەلەفۆنا مؤبيل

la red

تور

la fotocopiadora

مەكينا فۆتوكۆپى

el software

سۆفتوارە

el teléfono

تەلەفۆن

el tomacorriente

سۆچكەتا فيشەمك

el fax

مەكينا فاخنى

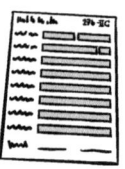

el formulario

فۆرم

el documento

بەلگە

comprar

كرين

pagar

پەرە دان

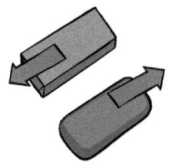

hacer negocios

بازرگانى

el dinero

پەرە

USD

el dólar

دۆلار

EUR

el euro

يۆرۆ

JPY

el yen

يمنئ ژاپۆنئ

RUB

el rublo

رۆبلئ رووسى

CHF

el franco suizo

فرانكئ سويسئ

CNY

el yuan

يوانئ چينئ

INR

la rupia

رووپئ هندى

el cajero automático

مەكينا ژخوەبەرا دراڤ

la casa de cambio

نۇفىسا پەرە قىلغۇ ھارتنى

el oro

زىر

la plata

زىف

el petróleo

نەفىت

la energía

ۋزە

el precio

بها

el contrato

پەيمان

el impuesto

تاخ

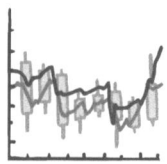

la acción

سەھام

trabajar

كاركرن

el empleado

كاركەر

el empleador

كاردا

la fábrica

فابرىكا

el negocio

دكان

las ocupaciones

پرۆفەسیۆن

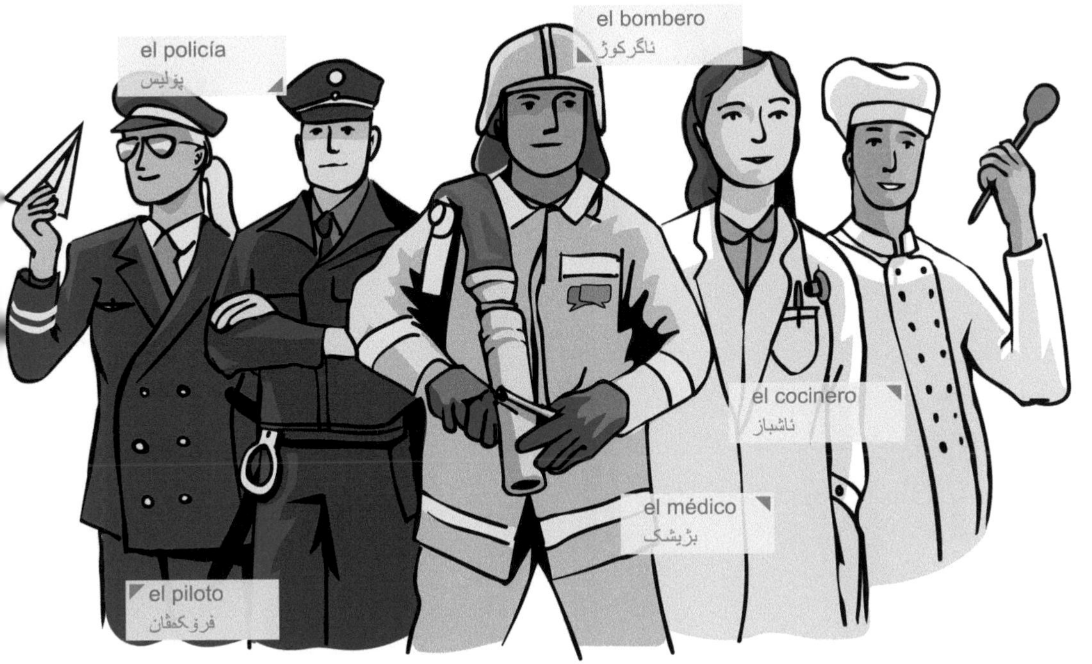
el policía
پۆلیس
el bombero
ئاگرکوژ
el cocinero
ئاشباز
el médico
بژیشک
el piloto
فرۆکەڤان

el jardinero

باخچەڤان

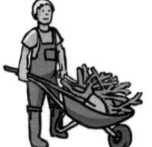

el carpintero

نەجار

la modista

درووونڤان

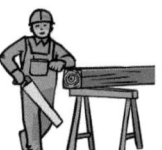

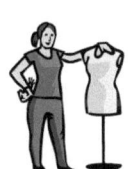

el juez

هاکم

el farmacéutico

شیمیازان

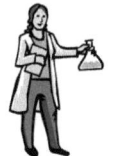

el actor

شانۆگەر

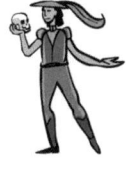

el colectivero

شوفێری باسێ

el taxista

شوفێرمکی تاکسیێ

el pescador

ماسیڤان

la mucama

پاگژکەر

el techista

چێنکرێ بانی

el mozo

بمرکار

el cazador

نێچرڤان

el pintor

رەنگگرێس

el panadero

نانیوێژ

el electricista

کارەباڤان

el albañil

ناقاکەر

el ingeniero

ئەندمزیار

el carnicero

قەساب

el plomero

لوولمکار

el cartero

پۆستەقان

el soldado

سەسكەر

el arquitecto

میمار

el cajero

درافگر

el florista

فرۆتكارا چیچەكان

el peluquero

پۆرچنكەر

el cobrador

ناژۆڤان

el mecánico

مەكانیک

el capitán

كەشتیڤان

el dentista

پزیشكا ددانان

el científico

زانستیار

el rabino

رووهان

el imán

ئیمام

el monje

كەشە

el sacerdote

كەشیش

las herramientas

ئامووران

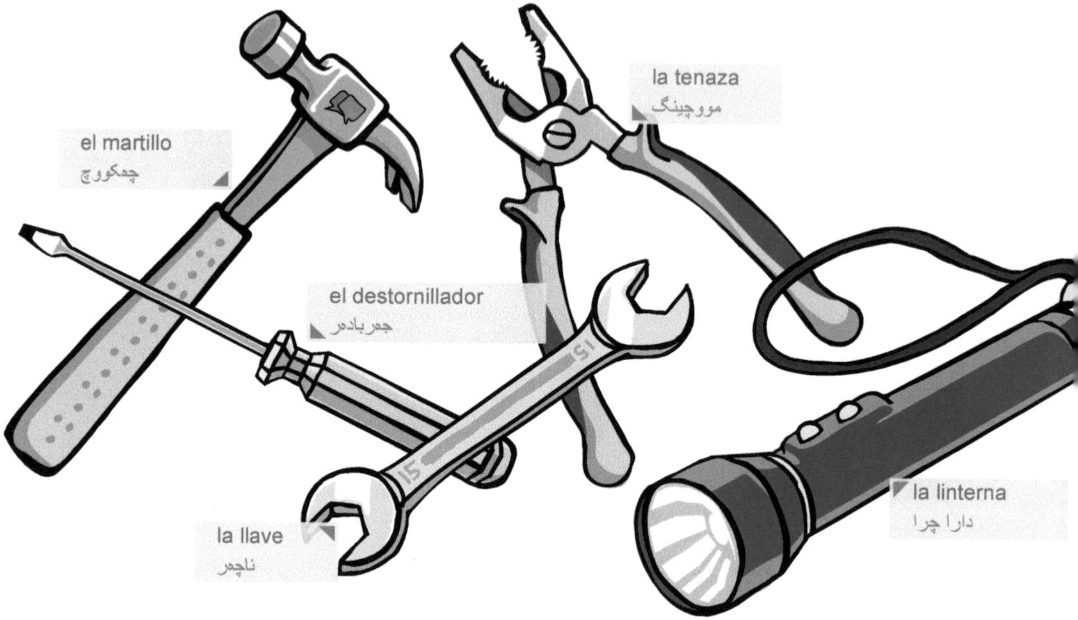

la tenaza
مووچینگ
el martillo
چەکووچ
el destornillador
جەربادەر
la llave
ئاچەر
la linterna
دارا چرا

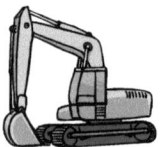

la excavadora

شۆفەل

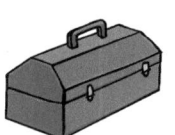

la caja de herramientas

قووتیا ئامووران

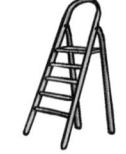

la escalera portátil

پەیژە

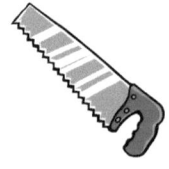

la sierra

مشار

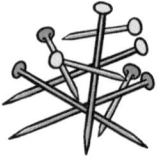

los clavos

میخ

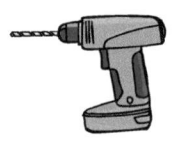

el taladro

قولکرن

arreglar

چێکرن

la pala de jardín

مەربێر

¡Qué bronca!

نالەت!

la pala de plástico

بۆڵ

el tacho de pintura

قووتیا رەنگێن

los tornillos

جەر

los instrumentos musicales

ئامووریێن مووزیکیێ

el parlante

بلیندگۆ

la batería

کۆمێ دەهۆل

el contrabajo

جۆرهیا گیتار

la trompeta

زرنا

la guitarra

گیتار

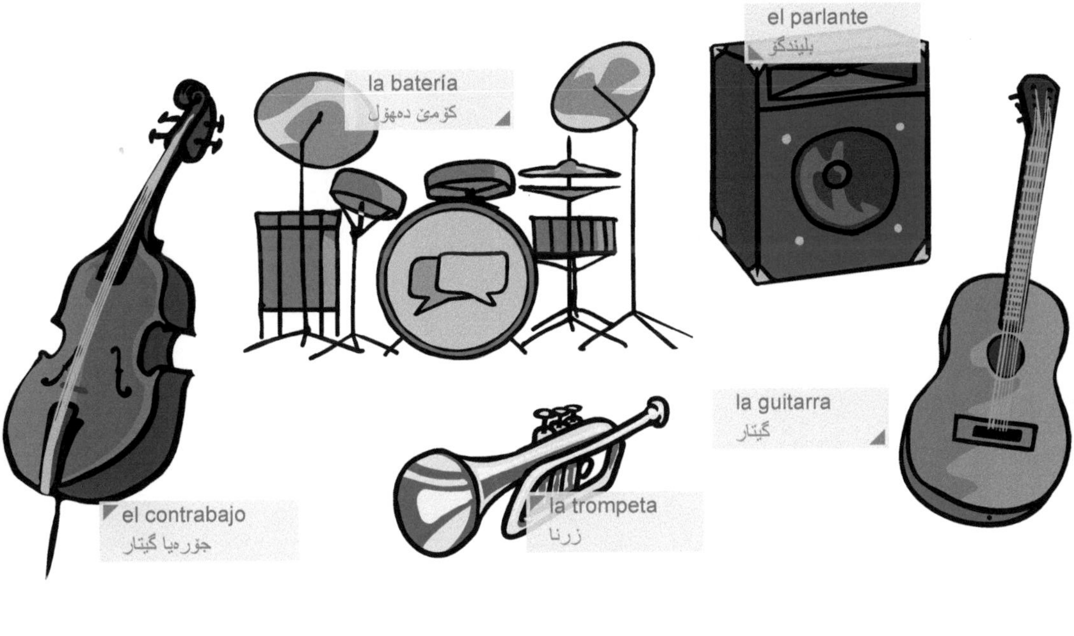

el piano

پیانۆ

el violín

ڤیۆلین

el bajo

باس

los timbales

دەمهۆڵ

el tambor

داهۆڵ

el teclado

کەیبۆرد

el saxofón

ساکسۆفۆن

la flauta

بلوور

el micrófono

میکرۆفۆن

el zoológico

باخچا هەیوانان

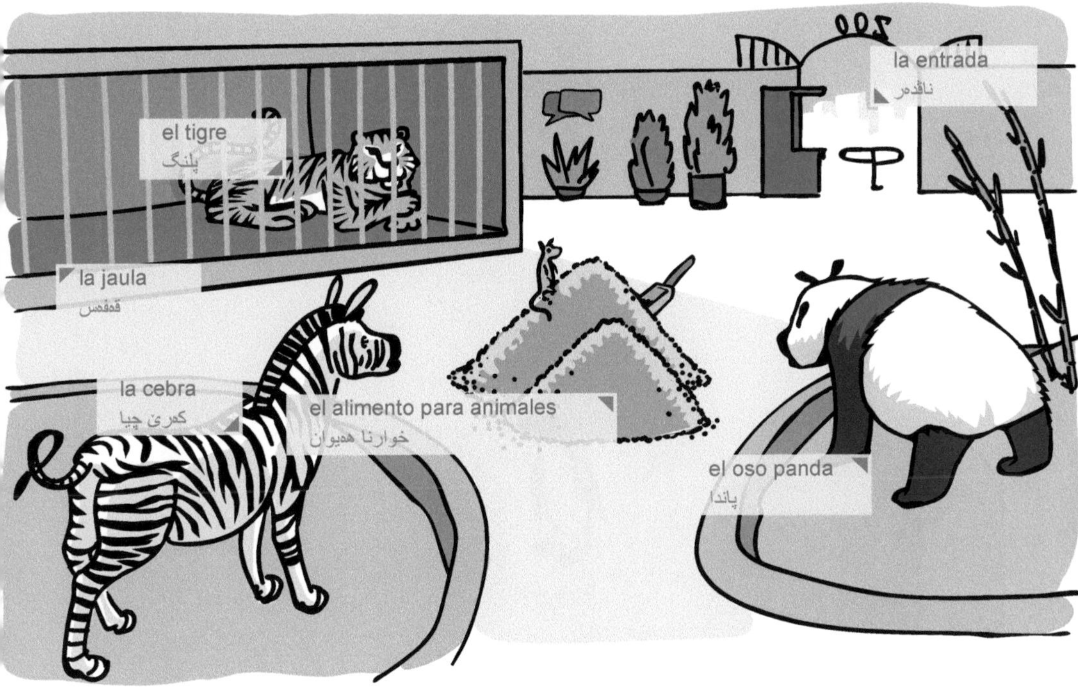

la entrada
ناڤدەر
el tigre
پلنگ
la jaula
قەفەس
la cebra
کەرێ چیا
el alimento para animales
خوارنا هەیوان
el oso panda
پاندا

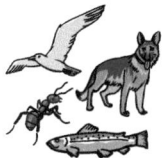

los animales
هەیوان

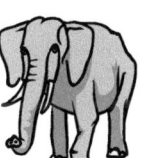

el elefante
فیل

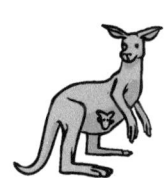

el canguro
کانگارۆو

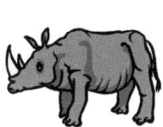

el rinoceronte
کەرکەدەن

el gorila
گوریل

el oso
هرچ

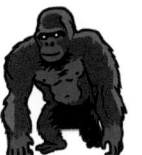

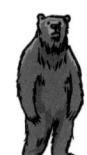

el camello

هێشتر

el avestruz

هێشترمدە

el león

شێر

el mono

مەیموون

el flamenco

فلامینگۆ

el loro

پاپاخان

el oso polar

ھرچا جەمسەری

el pingüino

پەنگوین

el tiburón

سماسی

el pavo real

تاووس

la serpiente

مار

el cocodrilo

تمساح

el cuidador del zoológico

پاریزەرا باخچا ناژالان

la foca

سەیا دەریا

el jaguar

پلنگ

el poni

هەسپ

el leopardo

پلنگ

el hipopótamo

هەسپی رووبار

la jirafa

جانهیشتر

el águila

هەلۆ

el jabalí

بەرازی کۆڵی

el pescado

ماسی

la tortuga

کووسی

la morsa

والراس

el zorro

رۆڤی

la gacela

خەزال

el fútbol americano
فووتبۆلئ نامەریکا

el ciclismo
بسکلی‌تان

el tenis
تەنیس

el básquet
باسکئتبۆل

la natación
ناقڕ مئیکرن

el boxeo
بۆخنگ

el hockey sobre hielo
هۆکمیا سەر جەمەدئ

el fútbol
فووتبۆل

el bádminton
بادمنتۆن

el atletismo
یئ ناتلەتیزمئ

el handball
هەمندبۆل

el esquí
بەفرازۆتن

el polo
پۆلو

reír
کەنین

saltar
هلپمکە

abrazar
هەمبیز

caminar
برێقەچوون

cantar
لاوژه گوتن

soñar
خەون دیتن

rezar
نوێژ کرن

besar
ماچکرن

escribir

نڤیساندن

dibujar

نیگار کێشان

mostrar

نیشان دان

presionar

پالدان

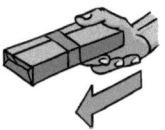

dar

دایین

tomar

راکرن

tener

همیین

hacer

کرن

ser

بوون

estar parado

سمکنین

correr

بازدان

tirar

کشاندن

tirar

ناۆیتن

caer

کەتن

estar acostado

دەردو کرن

esperar

سمکنین

llevar

گوهیزتن

estar sentado

روونشتن

vestirse

جل بەرکرن

dormir

رازان

despertar

رابوون

mirar

مۆزه‌ كرن

llorar

گرین

acariciar

جه‌لته

peinar

شه‌ كرن

hablar

په‌يڤين

entender

فامكرن

preguntar

پرسكرن

escuchar

بهيستن

beber

ڤه‌خوارن

comer

خوارن

ordenar

كۆم كرن

amar

همزكرن

cocinar

خوارن چێكرن

manejar

ئاژۆتن

volar

فڕين

navegar

كەشتیڤانی

calcular

هەسباندن

leer

خواندن

aprender

هێنبوون

trabajar

كاركرن

casarse

زەوجین

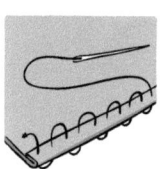

coser

درووتن

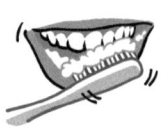

cepillarse los dientes

ددان شووتن

matar

كوشتن

fumar

دووخان

enviar

شاندن

la abuela
دادنی پلار

el abuelo
بابا پلار

el padre
پلار

la madre
مور

el bebé
ماشوم

la hija
لور

el hijo
زوی

el invitado

میلمه

la tía

ترور

el tío

تره/ماما

el hermano

ورور

la hermana

خور

la frente
ناوچەوان

el ojo
چاو

la cara
ڕوو

el pecho
سینگ

el hombro
مل

el dedo
پەنجە

la pera
زمنی

la mano
دەست

el brazo
باڵ

la pierna
لنگ

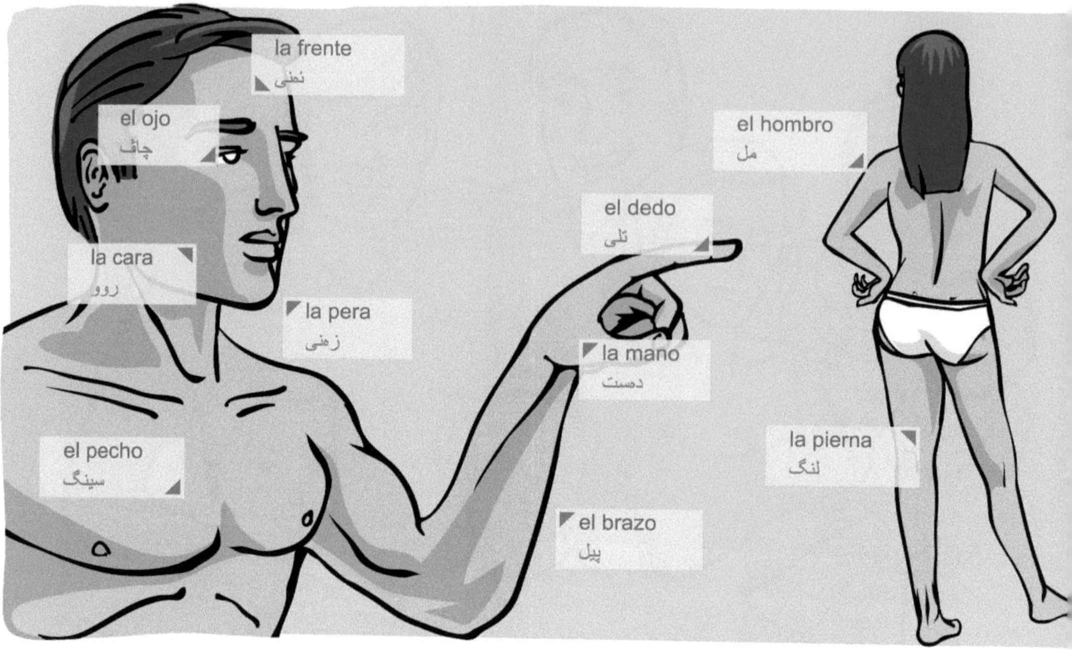

el bebé

بەبمک

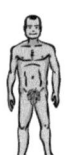

el hombre

مێر

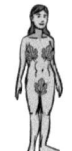

la mujer

ژن

la nena

کچ

el nene

کور

la cabeza

سەر

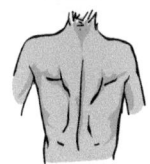

la espalda

پشت

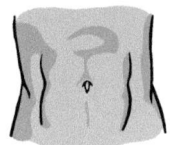

la panza

زک

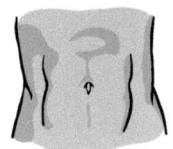

el ombligo

ناف‌ک

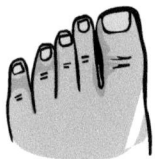

el dedo del pie

تلیبا پی

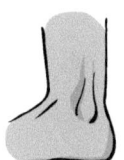

el talón

پانی

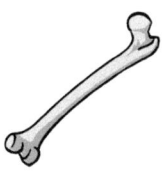

el hueso

هستی

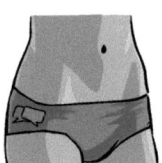

la cadera

کوولیمهک

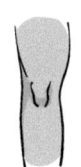

la rodilla

ژوونی

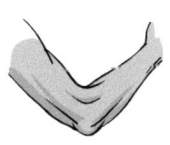

el codo

نهنیشک

la nariz

دفن

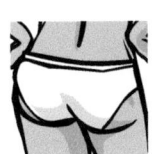

la cola

قوون

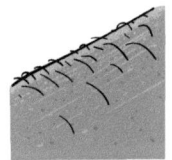

la piel

چرم

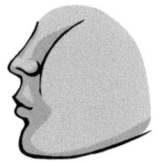

el cachete

روو

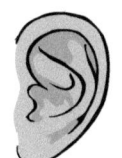

la oreja

گووه

el labio

لێف

el cuerpo - بهدمن

la boca

دەف

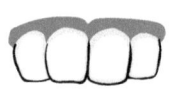

el diente

دران

la lengua

زمان

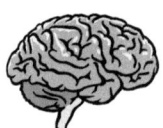

el cerebro

مێژی

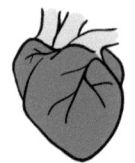

el corazón

دل

el músculo

ماسوول

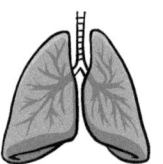

el pulmón

جیگەرا سپی

el hígado

جەرگ

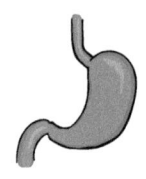

el estómago

ماده

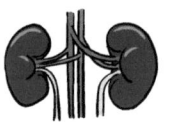

los riñones

گورچکان

el sexo

جۆتبوون

el preservativo

کۆندۆم

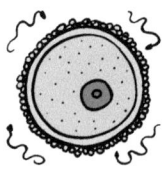

el óvulo

هێک

el semen

تۆف

el embarazo

دووجانی

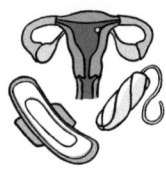

la menstruación

ناده

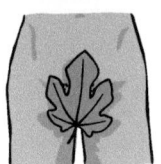

la vagina

قووز

el pene

كير

la ceja

بروو

el pelo

پۆر

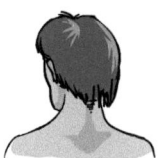

el cuello

هووستوو

el hospital

نەخۆشخانە

el hospital
نەخۆشخانە
la ambulancia
ئەرەبا نەخۆشان
la silla de ruedas
ئەرەبۆکا کووڵەکان
la fractura
شکەستە

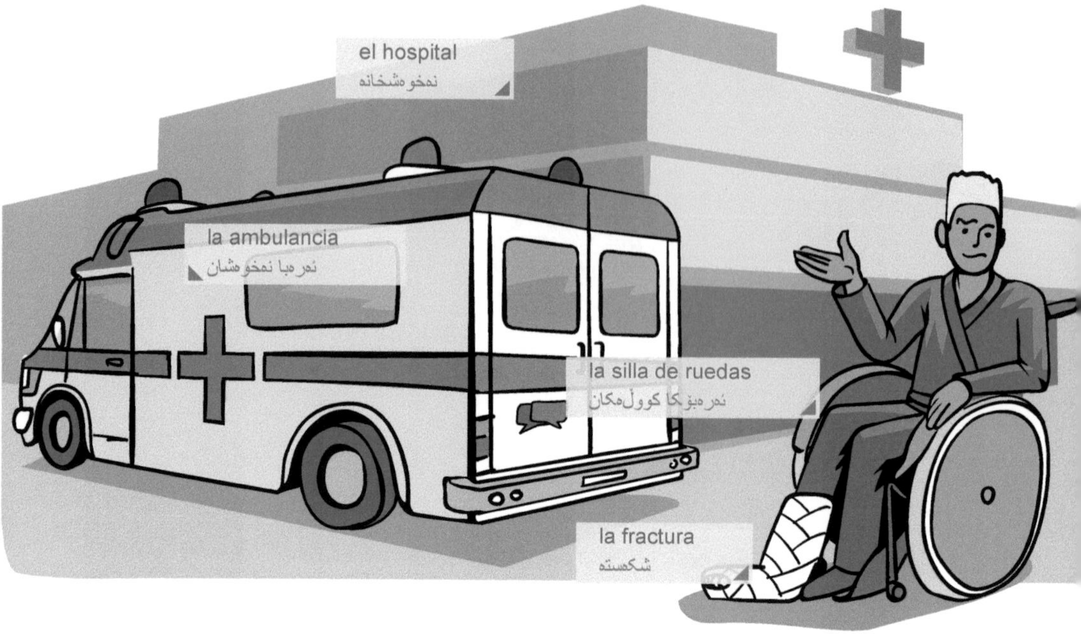

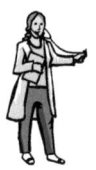

el médico

بژیشک

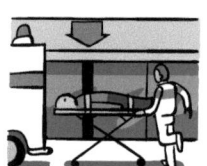

la sala de guardia

ئۆدا لەزگینێ

la enfermera

نەخۆشیار

la emergencia

ئاجیلییەت

inconsciente

بێهای

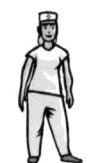

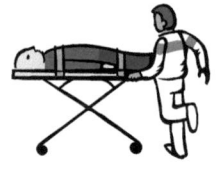

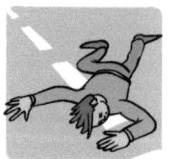

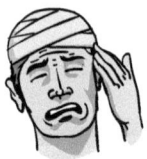

el dolor

ئێش

la lesión

برين

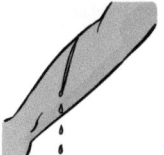

la hemorragia

خوێنپژان

el infarto

هێرشا دلی

el ACV

جەڵتە

la alergia

ئالەرژی

la tos

کوخک

la fiebre

تا

la gripe

زکام

la diarrea

ناڤچووین

el dolor de cabeza

سەرێش

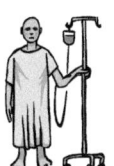

el cáncer

قانسێر

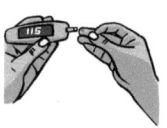

la diabetes

نەخوەشیا شەکری

el cirujano

نەمەلیکار

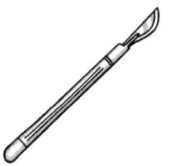

el bisturí

سکالپێل

la operación

نەمەلی

la TC

جت

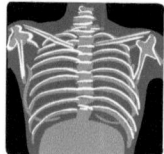

los rayos x

سوورەتێ رۆنتگێن

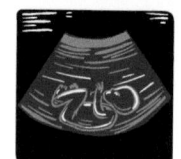

la ecografía

ئوولتراساوند

el barbijo

ماسکێ روویێ

la enfermedad

نەخوەشیی

la sala de espera

ئۆدا سمکنینێ

la muleta

گۆچان

la curita

شیێل

la venda

پاچی برینپێچانێ

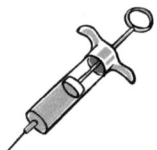

la inyección

دەرزی

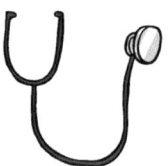

el estetoscopio

بیستۆکا پزیشکی

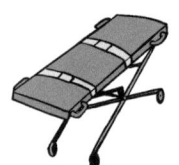

la camilla

دارەبست

el termómetro

تێهنیپقا کلینیکی

el nacimiento

زایین

el sobrepeso

قەلەو

el audífono

ناليكاريا بهيستنى

el desinfectante

باكتريكوژ

la infección

كۆتيبوون

el virus

ڤيرووس

el VIH / SIDA

هڤ / ئادس

el remedio

دەرمان

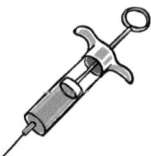

la vacunación

كوتان

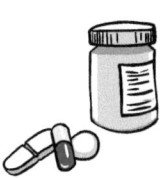

los comprimidos

هەبان

la pastilla anticonceptiva

هەب

la llamada de emergencia

لەزگين

el tensiómetro

ديمەندەرى پەستۆ خوين

enfermo / sano

نەخوەش / ساخ

¡Ayuda!

هەوار!

la alarma

نالارم

la agresión

ئۆزرىش

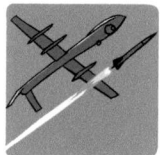

el ataque

ئۆزرىشكرن

el peligro

تالووك

la salida de emergencia

دەركەتتا ناجل

¡Fuego!

ناگرا!

el matafuego

ناگر قەممرائەندنئ

el accidente

قەزا

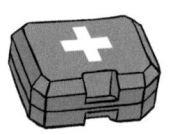

el botiquín de primeros
auxilios

نالەتىن ناليكاريا يمكەم

el SOS

سۆس

la policía

پۆليس

Europa

ئەوروپا

América del Norte

ئامېرىكايا باكوور

América del Sur

ئامېرىكايا باشوور

África

ئافرىكا

Asia

ئاسيا

Australia

ئاۋوسترالىيا

el Atlántico

ئاتلانتىك

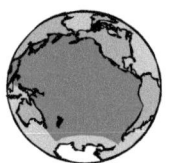

el Pacífico

ئۆكيانووسا مەزن

el Océano Índico

ئۆكيانووسا هندى

el Océano Antártico

ئۆكيانووسا ئانتاركتيكا

el Océano Ártico

ئۆكيانووسا ئاركتيك

el polo norte

جەمسەرا باكوور

el polo sur

جەمسەرا باشوور

la Antártida

نانتاركتیکا

la Tierra

نەرد

la tierra

ناخ

el mar

بەهر

la isla

دوورگە

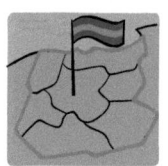

la nación

مألەت

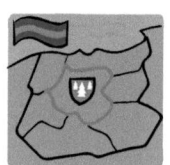

el estado

وەلات

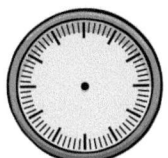

la esfera

رووبن ساعت

la manecilla de las horas

نشاندهرکا دمژمیر

el minutero

نشاندهرکا دمقه

el segundero

نشاندهرکا سانیه

¿Qué hora es?

سین چهنده؟

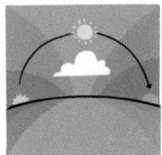

el día

رۆژ

la hora

دم

ahora

نها

el reloj digital

سامتئ دجیتال

el minuto

دمقه

la hora

سین

la semana

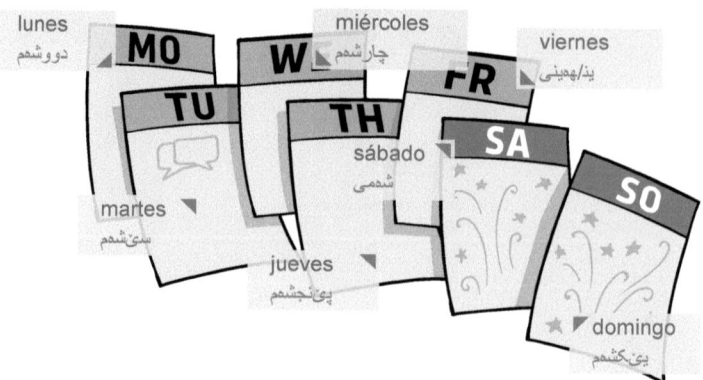

lunes
دووشەم

miércoles
چوارشەم

viernes
یذ/هەینی

TU

TH

sábado
شەمی

martes
سێشەم

jueves
پێنجشەم

domingo
یەکشەم

ayer

دوه

hoy

نیرۆ

mañana

سبەی

la mañana

سبە

el mediodía

نیوەرۆ

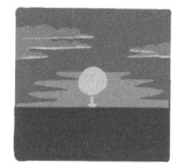

la tarde

ئێوارە

MO	TU	WE	TH	FR	SA	SU
1	2	3	4	5	6	7
8	9	10	11	12	13	14
15	16	17	18	19	20	21
22	23	24	25	26	27	28
29	30	31	1	2	3	4

los días hábiles

رۆژێن کاری

MO	TU	WE	TH	FR	SA	SU
1	2	3	4	5	6	7
8	9	10	11	12	13	14
15	16	17	18	19	20	21
22	23	24	25	26	27	28
29	30	31	1	2	3	4

el fin de semana

داویا هەفتە

la lluvia
باران

el arco iris
کسکەسۆر

la nieve
بەفر

el viento
با

la primavera
بەھار

el otoño
پاییز

el verano
ھاڤین

el invierno
زڤستان

4.APRIL	11°	☀
5.APRIL	4°	⛅
6.APRIL	13°	⛅
7.APRIL	8°	❄
8.APRIL	10°	☀

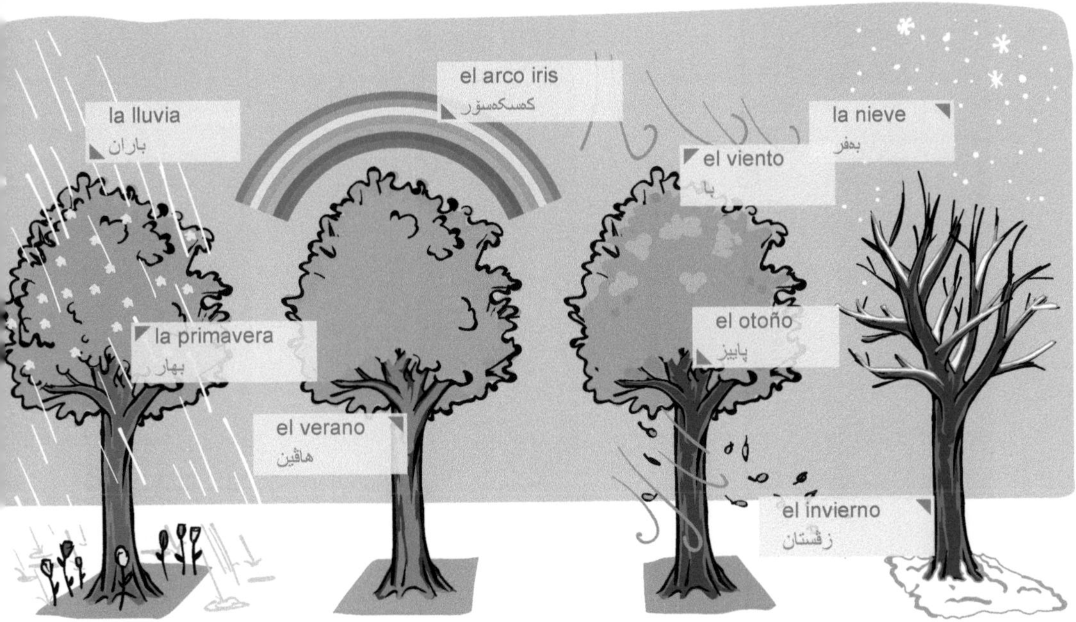

el pronóstico meteorológico

پێشبینیا هەوا

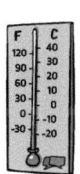

el termómetro

تمهنیڤ

la luz del sol

تاڤ

la nube

ھەور

la niebla

مژ

la humedad

ھێمی

el rayo

برق

el trueno

برووسک

la tormenta

توٚفان

el granizo

تەرگ

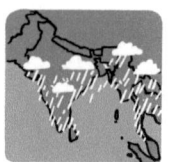

el monzón

مانسوون

la inundación

لمهی

el hielo

جەممد

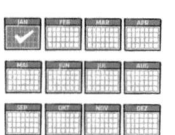

enero

ریٚبمندان

febrero

رەشممه

marzo

نەورۆز

abril

گوٚلان

mayo

جۆزەردان

junio

پووشپەر

julio

گەلاوێژ

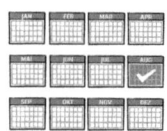

agosto

خەرمانان

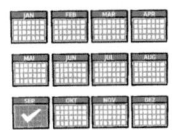

septiembre
....
رێبەندان

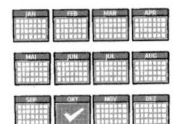

octubre
....
کەوچەر

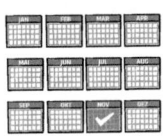

noviembre
....
سەرماوەز

diciembre
....
بەفرانبار

las formas
شێوه

el círculo
....
چەمبەر

el cuadrado
....
چارچک

el rectángulo
....
چارقۆزی

el triángulo
....
سێقۆزی

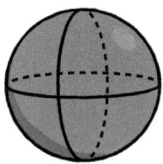

la esfera
....
ئادا

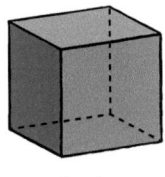

el cubo
....
خشتەک

blanco

سپی

amarillo

زەرد

naranja

پرتەقالی

rosa

پەمبە

rojo

سۆر

violeta

مۆر

azul

شین

verde

کەسک

marrón

قەهوەیی

gris

گەور

negro

رەش

mucho / poco

زۆر / کەم

enojado / tranquilo

ب هێزرس / بێدەنگ

lindo / feo

بەدەو / نەرند

el principio / el fin

دەستپێک / داوی

grande / chico

مەزن / بچووک

claro / oscuro

رۆنی / تاری

el hermano / la hermana

براک / خۆشک

limpio / sucio

پاکگر / گرێژ

completo / incompleto

تەۋاۋ / نەتەمام

el día / la noche

رۆژ / شەۋ

muerto / vivo

مری / زندی

ancho / angosto

فرە / تەنگ

comestible / no comestible

خوش / نمخوش

malo / amable

نمباش / باش

entusiasmado / aburrido

ب هيمجان / ناجز

gordo / flaco

قطلو / زراف

primero / último

يمكممين / داوين

el amigo / el enemigo

همڅال / دژمن

lleno / vacío

ڼڑی / څالا

duro / blando

رمق / نمرم

pesado / liviano

گران / سڅک

el hambre / la sed

برچی / تینی

enfermo / sano

نمخومش / ساخ

ilegal / legal

نمقانوونی / قانوونی

inteligente / estúpido

رموشمنبیر / بالووله

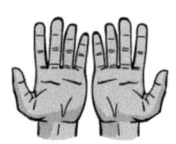

izquierda / derecha

چپ / راست

cerca / lejos

نیزی / دوور

nuevo / usado

نوو / بکارهاتی

nada / algo

هیچ / نشتمک

viejo / joven

کال / جوان

encendido / apagado

ل / ژ

abierto / cerrado

قمکری / گرتی

silencioso / ruidoso

نارام / دنگبلند

rico / pobre

دولهمهند / ربین

correcto / incorrecto

راست / شاش

áspero / suave

در / هلوو

triste / contento

خهمگین / شا

corto / largo

کورت / دریژ

lento / rápido

هێدی / زوو

mojado / seco

شل / زوا

caliente / frío

گهرم / هۆنک

guerra / paz

شهڕ / ئاشتی

0

cero

سفر

1

uno

یەک

2

dos

دوو

3

tres

سێ

4

cuatro

چوار

5

cinco

پێنج

6

seis

شەش

7

siete

حەوت

8

ocho

هەشت

9

nueve

نۆ

10

diez

دە

11

once

یازدە

12

doce

دازده

13

trece

سێزده

14

catorce

چارده

15

quince

پازده

16

dieciséis

شازده

17

diecisiete

همڤده

18

dieciocho

همژده

19

diecinueve

نۆزدمه

20

veinte

بیست

100

cien

سمد

1.000

mil

همزار

1.000.000

el millón

ملیۆن

el inglés

ئینگلیزی

el inglés americano

ئنگلیزی یا ئامەریکی

el chino mandarín

چینی ماندارین

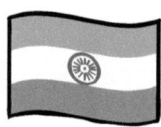

el hindi

هیندی

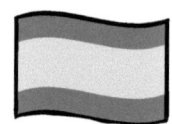

el español

ئیسپانیۆلی

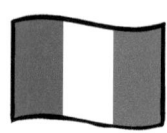

el francés

فەرەنسی

el árabe

عەرەبی

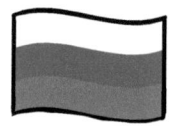

el ruso

رووسی

el portugués

پۆرتوگالی

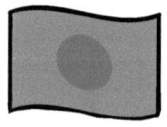

el bengalí

بەنگالی

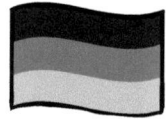

el alemán

ئەلمانی

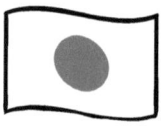

el japonés

ژاپۆنی

yo

من

vos

تو

él / ella

ئهو / ئهڤ / ئهو

nosotros

ئهم

ustedes

تو

ellos

ئهو

¿quién?

کی؟

¿qué?

چ؟

¿cómo?

چاوا؟

¿dónde?

کیدهرئ؟

¿cuándo?

کهنگی؟

el nombre

ناڤ

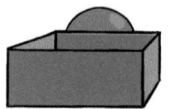

detrás

پشتی

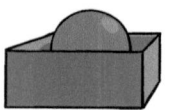

en

adelante de

پوشی

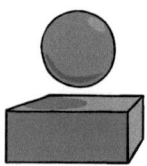

por encima de

سەر

sobre

سەر

debajo de

بن

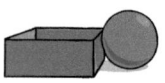

al lado de

کئلمک

entre

ناڤبەر

el lugar

جه